AF599827

ACCESO GRATIS ***a la Lectura en la Nube***

Para visualizar el libro electrónico en la nube de lectura envíe junto a su nombre y apellidos una fotografía del código de barras situado en la contraportada del libro y otra del ticket de compra a la dirección:

ebooktirant@tirant.com

En un máximo de 72 horas laborales le enviaremos el código de acceso con sus instrucciones.

LOS MODELOS COMPUTACIONALES EN LA SOLUCIÓN DE CONTROVERSIAS JURÍDICAS

LOS MODELOS COMPUTACIONALES EN LA SOLUCIÓN DE CONTROVERSIAS JURÍDICAS

Andrés Mansilla

tirant lo blanch
Ciudad deMéxico, 2024

En caso de erratas y actualizaciones, la Editorial Tirant lo Blanch publicará la pertinente corrección en la página web www.tirant.com/mex/

Este libro será publicado y distribuido internacionalmente en todos los países donde la Editorial Tirant lo Blanch esté presente.

© TIRANT LO BLANCH
DISTRIBUYE: TIRANT LO BLANCH MÉXICO
Av. Tamaulipas 150, Oficina 502
Hipódromo, Cuauhtémoc
06100 Ciudad de México
Telf.: +52 1 55 65502317
infomex@tirant.com
www.tirant.com/mex/
www.tirant.es
ISBN: 978-84-1056-040-6
MAQUETA: Innovatext

Si tiene alguna queja o sugerencia, envíenos un mail a: *atencioncliente@tirant.com*. En caso de no ser atendida su sugerencia, por favor, lea en *www.tirant.net/index.php/empresa/politicas-de-empresa* nuestro procedimiento de quejas.

Responsabilidad Social Corporativa: http://www.tirant.net/Docs/RSCTirant.pdf

En honor del Juez
Dr. Antonio Sánchez de Bustamante y Sirvén

"Es indigno de hombres excelentes desperdiciar las horas
como esclavos en la labor de calcular lo que sin riesgo podría relegarse
a alguien más si se utilizaran máquinas"

Gottfried Wilhelm Leibniz

Índice

Introducción

Cuando se ve el archivo de video donde Diego Maradona marcó el gol de *la Mano de Dios*, es posible apreciar unos microsegundos después de esto, entre la vacilación de celebrar el gol que tenía este y la incertidumbre de si dicha anotación había sido tomada como válida, que la situación se desahogó cuando *El Diego* vio el gesto de aprobación del juez de línea. La pregunta entonces es ¿por qué Maradona intuitivamente miro a uno de los réferis buscando aprobación de su jugada? La respuesta reside en que dada una interacción en el juego que conlleve a una situación de incertidumbre con respecto a la validez de esta, las figuras dentro del mismo encargadas de dilucidar tal controversia son los árbitros, basado en que es necesario que alguien dirima situaciones de este estilo, además de que sobre dicha figura existe la suposición de que conoce a detalle las reglas y posee la capacidad para poder interpretar un escenario con la prescripción que pudiera compaginársele al mismo.

Lo anterior es algo que para muchos de los que constantemente litigan o están vinculados diariamente con el mundo judicial, les resulta familiar. Esto ya que, muchas de las conductas y escenarios en el mundo jurídico poseen características similares a los juegos, entre ellos el desahogo de controversias sobre la validez de conductas. Por lo que partamos del supuesto en el cual asumimos que el derecho se comporta como un juego, definiendo para este fin a los individuos integrantes de la sociedad como los jugadores y a las reglas del juego como el sistema de normas aplicables dentro de dicha sociedad, las cuales determinan roles, límites y derechos/facultades de cada uno de los jugadores y réferis, respectivamente, que interactúan en el mencionado juego, haciéndose evidente que tendremos como resultado que muchas de las consecuencias aplicables a los juegos pueden ser transmitidas hacia el mundo jurídico.

Igual que en cualquier otro sistema de normas encontramos que dentro del conjunto de reglas que determinan la funcionalidad del juego y la interacción entre jugadores y réferis de este, existen ciertos principios que establecen la imposibilidad de determinar ciertos escenarios como válidos, *v.gr.*: la retroaplicación de reglas, las decisiones de los réferis discordes con las reglas, la determinación posterior del réferi, etc. A este conjunto de principios para fines prácticos los denominaremos principios de validez de decisiones sobre jugadas.

Al mismo tiempo, para esta construcción paralela y similar que intentamos crear entre el derecho y los juegos, resultan importante establecer a qué tipo de juego nos referimos cuando creamos esta analogía entre el derecho y los juegos, pues entre los tipos de juegos generales que se estudian existen: los de conflictos y los de coordinación. Siendo el derecho del primer tipo, pues la búsqueda de ganancia en los juegos de conflictos consiste en la disparidad en el resultado final, es decir, lo que hace que un jugador gane es que el otro pierda; estando en contraposición estos con los juegos de coordinación los cuales buscan la ganancia del mismo mediante la igualdad en el resultado final de cada uno de los jugadores, en otras palabras, la ganancia en este tipo de juego está en que ambos jugadores coincidan en un resultado satisfactorio (*Binmore, 2009, págs. 13 a 32*). Aunado a esto es importante destacar que resulta necesario que los jugadores involucrados en el juego actúen de forma racional dentro del mismo, pues de lo contrario no podrá ser comprendido de manera coherente el mismo.

Del antecedente podemos deducir que, al existir un supuesto donde un jugador alegue la invalidez de una jugada ante un réferi, tendremos el escenario en el cual se enfrentaran argumentos que sustentan tanto la validez de una jugada como la invalidez de esta. La solución a la problemática evidentemente aflora desde la interpretación realizada por el réferi, en forma conjunta, entre los hechos y las reglas del juego

Esto nos conduce entonces a la posibilidad lógica y computacional, una vez comprendido este protocolo de desahogo de argumentos disputantes sobre la validez de una jugada ante un réferi, de modelar algorítmicamente dicho protocolo como un sistema de estados de ingresos y egresos de valores. Esto debido a que, tomando como cierto que el mencionado protocolo de solución de controversias se comporte como un sistema de entradas y salidas, siendo los elementos de entradas actuaciones procesales de las partes o del árbitro, tenemos entonces que se puede crear un algoritmo o secuencia lógica de pasos a seguir para la solución de un caso *X* planteado ante el réferi, pasos que ya han sido previamente determinados y poseen una alternación invariable, por lo que al ser invariable los pasos para el desahogo, será por ende invariable el desahogo procesal en lo general.

Dándose cabida de esta forma a que: si tenemos un conjunto de reglas del juego que determinan la funcionalidad de este, los roles, límites y derechos/facultades de los jugadores y réferis de este, y un grupo de principios inviolables dentro de las reglas que son los principios de validez de decisiones sobre jugadas, mismos que invalidan entre otras cosas el incumplimiento de los protocolos de desahogo procesal y la inobservancia de las reglas en la toma de decisiones. Afirmamos entonces que los escenarios en donde existen disputas sobre la validez de una jugada, podrán ser resueltos a través de procesos modelados computacionalmente como máquinas de estado o autómatas ante autoridad designada previamente, nunca siendo la decisión discordante con lo prescrito por las reglas del juego.

Determinado esto, mencionamos que es posible modelar computacionalmente este tipo de protocolos de desahogo de controversias motivados por argumentos fundados en las reglas del juego, pues dicho comportamiento sistemático es algorítmico y, por ende, computable. Por lo que llegados hasta este punto el símil resulta configurado para con el derecho y los juegos, siendo entendida la analogía como que el conjunto de reglas del juego es un sistema normativo determinado y los principios de validez de decisiones sobre jugadas como aquellos principios que integran un Estado Constitucional de Derecho.

Cabe señalar que mientras más simples y comprensibles sean las reglas del juego o en nuestro caso las prescripciones que integran nuestro sistema normativo, menos necesaria será la intervención de la figura del deliberador, ya sea árbitro, juez u otro, dado el caso. Un ejemplo claro del beneficio en la claridad normativa y la inutilidad de autoridad que dirima que esto representa, son los juegos donde se carece de arbitro, tal como el juego del ajedrez, debido esto en gran medida por el hecho de que todos los jugadores comprenden las reglas del mismo gracias a su simpleza.

Ahora bien, más allá de la inmensa cantidad de ramificaciones que conlleve el hecho de que el derecho sea análogamente descrito como un juego, reiteramos que solo nos interesa una de ellas. Esta es la posibilidad de automatizar el desahogo de los procesos destinados a brindar decisiones sobre la validez de conductas basadas en el mismo, fijada esta idea por la posibilidad anterior con respecto a juegos, *v.gr.*: el propio ajedrez es un juego que a lo largo del desarrollo computacional ha sido utilizado como ejemplo de posible automatización, pues en el mismo no existe arbitro y aunado a eso dado que existe determinabilidad sobre los procesos internos del juego, las diversas jugadas ya están previamente determinada como validas, haciendo posible que aunque exista la conducta volitiva del jugador al realizarse juagadas, estas invalidas nunca se materialicen, dígase, movimientos no autorizados dentro del tablero con determinada pieza.

Esta situación es similar con el sistema normativo que se pretenda analizar, ya que un acto procesal puede materializarse, aunque inadmisiblemente por un sujeto de autoridad, pero eso no significa que el mismo sea entendido como un acto procesal existente dentro del derecho, ya que lo que hace posible que se considere un acto procesal como tal es que el mismo este acorde con las reglas que determinan la validez de los actos en cuestión. Esto hace que tanto los procesos internos de los juegos y los procesos jurídicos en lo general, se pueda estipular una determinabilidad y una recurrencia dentro de los mismos para la coherencia necesaria de estos.

Desde esta determinabilidad y recurrencia que poseen estos procesos jurídicos, mismos que son posibles de aplicar a casi todos los escenarios de controversias derivadas de interacciones sociales, hace posible que se analicen los mismos de una perspectiva computacional, específicamente desde el determinismo naciente de la necesidad de certidumbre y certeza que finalmente brindan los mencionados principios nacidos de figuras como el Estado Constitucional de Derecho y sus derivados.

Por consiguiente, como propósito inicial en este trabajo necesitaremos definir con precisión cuales son estos procesos jurídicos, sus variantes, cuál de ellas es la más factible como solución para la problemática que estamos enfrentando, y aquellos principios de validez o garantes de equilibrio entre partes, para de esta forma comprender como la recurrencia procesal en estos desahogos de controversias, nacida de figuras jurídicas como el Estado de Derecho y su derivación más inmediata, el principio de legalidad, brinda la posibilidad de ser analizados los procesos jurídicos desde los modelos computacionales.

Aunado a todo esto, debemos también concebir que dentro del conjunto de procesos jurídicos que existen, solo un concreto grupo de ellos podrán ser utilizados para nuestros fines, pues no todos debido a su configuración resultan de utilidad. Esto ya que, tal y como analizaremos, muchas de las controversias suscitadas entre partes son confrontaciones las cuales pueden ser resueltas por particulares desde el establecimiento voluntario de la autoridad a dirimir el asunto, hasta le configuración del proceso mismo. Lo anterior pues la limitante entre unos tipos de procesos y otros, de acuerdo con una de las definiciones doctrinales que estudiaremos, es su precisión según el orden público y el interés social. Entendido a estos para fines prácticos como el deber de no alterar el equilibrio creado en beneficio o utilidad de los miembros integrantes de la sociedad, pilares estos de todo estado moderno.

Para este cometido debemos comprender entonces en que consiste un modelo computacional, como los autómatas computacionales o máquinas de estados se integran y se construyen, como estas máquinas resultan de utilidad para el desahogo de procesos jurídicos, como con estas herramientas podemos contribuir un autómata jurídico que realice el desahogo de un simple proceso jurídico, o incluso, construir un autómata jurídico que desahogue un proceso basado en una legislación determinada.

Esto nos conduce inevitablemente a considerar que la comprensión de todas estas herramientas y su utilidad práctica podrán ofrecer implementaciones, tal y como será demostrado en el presente estudio, donde el provecho de las mismas solo está limitada por la propia imaginación de quien construye el autómata jurídico a aplicar, pues la creación del modelo esta simplemente demarcada al cumplimiento de instaurar un orden lógico de pasos basados en los mencionados principios de validez, y en la cabal observancia de las reglas lógicas de operación de los autómatas.

Capítulo I

Los procesos en las soluciones a las controversias jurídicas

Desde el comienzo en el análisis del comportamiento social de los seres humanos se ha podido comprender la interacción de los mismos a gran escala como una clase de conjuntos que se encuentra en constante cooperación o conflicto. Esto, sostienen muchos, debido a la escasa existencia de recursos necesarios para que aquellos puedan subsistir o, por lo general, resultado de la confrontación de intereses incompatibles de las partes que interactúan, conduciendo lo anterior inevitablemente al constante escenario de conflicto por la tenencia de dichos recursos y, en muy pocas ocasiones, a la colaboración para la preservación y reproducción de estos en beneficio común (*Ferrari, 2015, págs. 11 a 26*). Por lo que, debido al incontrolable crecimiento de la población y el menester de orden en las sociedades, como consecuencia de las interacciones entre individuos, resultó en la inevitable creación de procesos de comunicación para el desahogo de controversias entre los mismos.

Por tal motivo, mediante la creación de la figura del Estado moderno y la teoría de la división de poder, entre las diversas facultades que se le brindo al mismo, se encontraba la de administrar justicia a los particulares, ya fuera por la pretensión realizada por estos ante el mismo o mediante la simple publicidad de existencia de la comisión de un acto delictivo, no dejando de existir para los primeros tipos de casos la posibilidad de alternancia en la solución interpartes de conflictos.

Esta última idea sobre la cual descansa la posibilidad de no recurrir al poder público, para que mediante su ejercicio coercitivo obligue a aquel que ha sido declarado culpable en el litigio, es muy simple. Nacida de la condición natural de libertad en la que para muchos se encuentra el individuo, los mismos han decidido conjuntamente que para el beneficio de los integrantes de la sociedad, se debe renunciar a ciertos derechos inherentes a estos, misma renuncia que pueden variar en dependencia de la teoría que se analice en cuestión, pero el punto de conciliación teórico sobre la renuncia de derechos converge en la renuncia al derecho de administrar justicia (*Locke, 2013, págs. 119 a 130; Rousseau, 2015, págs. 18 a 21; Hobbes, 2017, págs. 113 a 122*). Razón por la cual en numerosos ordenamiento nacionales e internacionales existe la prescripción de prohibición expresa o tácita de no autoejercer la tutela judicial o reclamar derechos de forma violenta.

Con esto no se pretendía anclar al Estado toda la responsabilidad de solucionar las diversas controversias que se suscitaran entre individuos, pues el propósito de delegar esta facultad al Estado reside exclusivamente en encontrar vías pacíficas a los conflictos y no sucumbir a la irracionalidad para dirimir los mismos, lo que implica que es una torpeza creer que solo a través de la función judicial es posible zanjar los diversos litigios que se pueden suscitar; pues desde la libre voluntad individual, actuando con racionalidad y pacíficamente, es posible encontrar puntos medios de acuerdo entre partes. Lo que nos da la medida sobre la idea paralela de que, siendo analizadas las controversias jurídicas únicamente como situaciones litigiosas, el resultado del mismo siempre culminara arrojando dos partes antagónicas, una ganadora y otra perdedora; cuando esta situación no necesariamente debe ser así, tal y como se evidenciara más adelante al referirnos a los medios alternativos de solución de controversias.

En paralelo, lo anterior nos da la medida entonces de que, mediante la decisión voluntaria de renunciar a la administración de justicia, nazca la obligación estatal de posibilidad de alternancia en la solución de controversias individuales; y, como elemento necesario, la existencia del reconocimiento de la libertad del sujeto de decidir resolver las controversias que posea con sus iguales mediante la celebración de acuerdos pacíficos y voluntarios.

En consecuencia, el antecedente inevitablemente nos conduce a la necesidad de determinar con precisión, para el objeto de nuestro estudio, ¿qué es un proceso jurídico? ¿cuáles son los procesos jurisdiccionales y cuales no lo son? ¿cuáles son los mecanismos alternativos de solución de controversias?, entre otras interrogantes relacionadas.

Por tal motivo inicialmente definiremos como proceso jurídico aquel conjunto de actos o fases interrelacionadas con singularidad temporal, espacial y dinámica, que terminan constituyendo un hecho complejo, con un inicio y un fin determinado. En complementación entenderemos como procesos jurisdiccionales aquella serie de actos que se desahogan gradualmente, frente a una autoridad pública, con la finalidad de resolver un desacuerdo sujeto a su decisión (*Couture, 1958, pág. 121*); por tanto, serán entendidos como no jurisdiccionales, aquellos constituidos por una serie de actos que se desahogan gradualmente pero que no se dirimen frente a una autoridad pública, sino a través de una diversa que, voluntaria y especialmente, las partes designen para la resolución del desacuerdo en cuestión.

Ahora bien, estos procesos pueden a su vez estar particionados en dos grupos: los procesos plenarios y sumarios. El primer grupo responde a aquellos en donde se procede con pleno conocimiento de la causa, sin límite alguno de planteamientos, dígase, alegaciones y pruebas; en tanto que el segundo grupo encierra aquellos procesos que debido a su estructura procesal son determinados como simplificados y más agilizados que a comparación de los plenarios, existiendo límites con relación a los posibles planteamientos en juicio (*Pallares, 2012, págs. 499 y 505*). Los arbitrajes pueden manifestarse procesalmente de ambas formas, esto debido a que, ya sea institucional o *ad hoc*, las partes determinan voluntariamente las normas procesales aplicables o las forma en la cual se desahogara el proceso. Para el objeto de muestra practica de nuestro estudio utilizaremos ejemplos de juicios sumarios.

Por último, los mecanismos alternativos de solución de controversias, serán aquellos que buscan dirimir los desacuerdos nacidos entre los individuos de forma amigable, sin tener que recurrir a una conducta litigiosa y sin el entendimiento de perdida de alguna de ellas, sino desde la comprensión de búsqueda de un equilibrio entre las pretensiones de cada parte, no comprendiéndose la existencia de dos partes antagónicas en este tipo de procesos jurídicos.

Ahora bien, consecuentemente, dentro del universo de los diversos medios de solución de conflictos, los cuales para nuestro estudio fueron divididos en los procesos jurisdiccionales y no jurisdiccionales, tenemos que clásicamente se analizan desde tres perspectivas. La primera de ellas desde la resolución del desacuerdo de forma directa, denominada esta autotutela, la cual mencionamos previamente hace referencia a un estado de condición de naturaleza del ser irracional. En segundo término, se encuentra la autocomposición, comprendida como aquel arreglo pacífico interpartes mediante el cual se dirime la contraposición de posturas, siendo en este dónde se encuentra la mayor parte de los mecanismos alternativos de solución de controversia (*Pallares, 2012, pág. 110*). Estando en último término, aquel escenario que supone la existencia de un conflicto en donde las partes se apersonan frente a un tercero imparcial para la resolución del mismo, siendo denominado esta heterocomposición.

Aunado a lo anterior, resulta prioritario destacar entonces que los procesos en general pueden ser clasificados igualmente de una forma más amplia como procesos de necesidad o de oportunidad. Considerándose a los primeros como aquellos en donde el proceso debe ponerse en marcha, apenas se configure un determinado supuesto legal, sopesándose como necesario pues no existe un medio procesal diversos mediante el cual pueda resolverse el conflicto, siendo un ejemplo de estos los procesos penales; y los segundos como aquellos en donde se deja la prosecución procesal al arbitrio de las partes, bien por interés de ellas o por conformidad de estas, *v.gr.* los procesos civiles, el arbitraje, la conciliación, etc. (*Fairén, 1992, págs. 273 a 277*). Por lo que más allá de la voluntad de las partes, para el equilibrio social y el desarrollo de este, solo es posible llegar a un acuerdo de voluntades en la mayoría de los casos en los procesos de oportunidad, pues los procesos de necesidad, como su nombre indica, implican la interacción necesaria del órgano público para garantizar la estabilidad social, aunque existen teorías que contradicen este postulado haciendo mención de que el poder punitivo del estado no resuelve ningún problema, el cual finalmente solo genera violencia y desigualdad social (*Zaffaroni, 2012, págs. 295 a 299*).

De todas las combinaciones teóricas procesales previamente mencionadas, podemos declarar que de los desacuerdos que nazcan de la interacción entre individuos pueden estos ser resueltos a través de los mencionados procesos no jurisdiccionales, heterocompositivos y de oportunidad. Lo anterior pues han sido probados de gran utilidad para la solución eficiente de conflictos entre los individuos, en especial al tratarse de interacciones ciudadanas sociales y/o comerciales. En específico por la factibilidad que representan para el desarrollo económico y urbano, pues el no tener que sucumbir al desgaste protocolar que en la mayoría de los casos representan los procesos jurisdiccionales, resulta en gran utilidad para todos aquellos individuos en las mencionadas situaciones.

Como una referencia histórica de la utilidad que puede resultar la adaptabilidad de los procesos a la situaciones actuales señalaremos la Roma de los procedimientos formularios en contra de las *legis actiones*, en donde las desavenencias eran resueltas por particulares seleccionados por las partes en desacuerdo y las listas de ciudadanos para cumplir con la función de deliberador estaban compuestas por miles de miembros, siendo seleccionados estos solo pocas veces en el año, para que de esta forma tuvieran el tiempo necesario para la deliberación de la causa (*Petit, 2019, págs. 625 a 628*). Por ende el proceso no se ralentizaba debido a los protocolos habituales o las cargas laborales de la judicatura, e igualmente era desahogado a conciencia por el deliberador del conflicto, pues consagraba todo el tiempo a los pocos asuntos que le eran asignados; e incluso, cabe destacar, que el transito histórico de las *legis actiones* a los procedimientos formularios nació de la evidente eficiencia que terminó representando para los ciudadanos romanos estos últimos procedimientos en contraposición a las menciones *legis actiones*, pues estas resultaban extremadamente rigurosas y poco prácticas. Lo anterior ya que, las *legis actiones* consistían en procesos tediosos donde era necesario que las partes pronunciaran palabras sacramentales enfrente de un *praetor*, existiendo un terrible riego para estas, pues en caso de no recitar la fórmula de manera correcta se perdía el juicio por completo. En tanto que los procedimientos formularios, eran mucho más bondadosos, pues las *fórmulas* era un escrito redactado por el *praetor* basado en las afirmaciones de las partes, dando este sentido y objeto a la *litis* expresada en términos legos por los integrantes del conflicto (*Huber, 2000, págs. 611 a 629*). Esto resulta en una muestra de la necesidad de adaptabilidad a las circunstancias actuales que poseen los procesos jurídicos, ya sean jurisdiccionales o no.

Por tal motivo, como muestra evidente de todo lo previamente descrito, para el desarrollo de nuestro estudio sobre los modelos computacionales de solución de controversias, nos centraremos en los aquí descritos como procesos heterocompositivos y de oportunidad, más específicamente en aquellos que pueden ser resueltos de forma alternativa a la judicatura. Lo anterior debido a los beneficios explicitados en el antecedente, los cuales hacen evidente que tratándose de asuntos que puedan ventilarse bajo el auspicio de la libre voluntad y la pasividad de los sujetos en desavenencia, es más eficiente y por ende beneficioso.

§1. LOS MEDIOS ALTERNATIVOS DE SOLUCIÓN DE CONTROVERSIA Y SUS BENEFICIOS

Llegados a este punto resulta evidente que el planteamiento de justificación para la alternancia a la judicatura es simple: si una de las justificaciones de conformación del ente estatal es resultado del análisis para la solución pacífica de una problemática y de la libre manifestación de voluntad ¿Por qué a través de esos mismos medios no puede solucionarse un desacuerdo interpartes? ¿Por qué supone una obligatoriedad el recurrir al órgano público para dirimir desacuerdos?

Una estadística reciente (*El Universal, Sección Metrópoli, 15 de febrero del 2022*), por mencionar un ejemplo, revela que la duración promedio de un juicio laboral en la Ciudad de México es de alrededor de 8 años, lo que implica que en un universo de aproximadamente 4 millones de trabajadores formales en dicha ciudad (*Secretaria del Trabajo y Previsión Social, Informe laboral, Septiembre del 2021*), y basados en que promedio los juzgados resuelven al año unos 1300 juicios, tenemos que sería necesaria la existencia de aproximadamente unos 3000 jueces para satisfacer eficientemente la demanda de resolución de los posibles conflictos laborales, de los cuales solo existen 16 jueces en la actualidad. Esta situación fue igualmente descrita como problemática por los integrantes del Instituto Iberoamericano de Derecho Procesal, al señalar en 1988 que el número de jueces y de su personal debía ser proporcional a la cantidad de procesos que deban tramitarse en la respectiva circunscripción territorial, de manera que no exista un rezago que entorpezca su tramitación normal (*Código Procesal Civil Modelo para Iberoamérica, Tema 1*).

Por lo que, como consecuencia del planteamiento original, para la solución del problema de administrar justicia ha nacido uno adyacente, consistente este en la insuficiencia estatal para dirimir conflictos ciudadanos, lo que ha llevado nuevamente a pretender solucionar la problemática social de inconformidad y eliminar este obstáculo mediante un cambio hacia los mecanismos alternativos de solución de controversias.

En consecuencia, cabe destacar que existen varios argumentos que incluso señalan que la existencia de un órgano público deliberador de controversias, como resultado este de la convención entre individuos integrantes de una colectividad, deja mucho que decir sobre el punto ciego con relación a la propia posibilidad voluntaria que poseen los individuos de solucionar alternativamente los desacuerdos que surjan entre sus semejantes como entes racionales e incluso sobre el contingente servilismo de la judicatura con otros poderes que finalmente perjudica al ciudadano. Como ilación, resulta trascendente entonces comprender el error que implica considerar como única vía de solución de conflictos a la judicatura, pues la validez que ostenta dicha institución pública es resultado del acto volitivo de cada uno de los integrantes de la sociedad en cuestión, ya sea espontáneamente o formalizado mediante el acto soberano.

Resultantemente y dado el hecho de una relación determinada y singular entre dos sujetos, si los mismos voluntaria, pacífica y racionalmente deciden dirimir su desacuerdo de forma alternativa a la judicatura, ahorrándose todos los estragos y desgastes que pueden llegar a presentarse en los procesos jurisdiccionales, termina representando esta una solución más eficiente, la cual tanto en el corto como en el largo plazo, resulta en una mayor utilidad para la resolución de conflictos sociales de la naturaleza mencionada. Lo que hace que pueda ser sopesado en un número considerable de casos como la solución más lógica a dilucidar, poseyendo en todo momento la misma validez que la decisión que pueda tomar un funcionario integrante de la judicatura, pues nace indiscutiblemente de la misma fuente de validez, tal como hemos mencionado.

Por lo que, llegados a este punto, dentro del posible universo de métodos de solución alterna a la judicatura, debemos intentar elucidar cual de todos ellos resulta en mayor beneficio para delimitar aún más nuestro estudio sobre los modelos computacionales de solución de controversia. Como consecuencia haremos una muy somera mención de las figuras que integran los mecanismos alternativos de solución de controversia, las cuales son variadas, pero en lo general se encuentran delimitadas a tres esenciales: conciliación, mediación y arbitraje. De esta forma haremos evidente porque, en nuestra opinión y para el objeto de nuestro estudio, resulta en un mayor provecho estos mecanismos alternos a la judicatura, en específico la figura del arbitraje, no tomando al arbitraje como figura modelo sino como figura auxiliar en nuestra construcción del modelo computacional de solución de controversias.

En primer término mencionaremos a la conciliación, pudiendo definirse esta como el mecanismo de solución de controversia en el que participa un tercero experto en la materia objeto del conflicto, quien facilita la comunicación y propone opciones de solución a las partes; siendo por ende característica distintiva de esta figura el tener por objeto el persuadir a la partes para encontrar una armonización con respecto a la solución al conflicto que este dilucido, sin imponerse en ningún momento como autoridad. Por tal motivo se le considera una etapa previa al arbitraje, pues en muchos países dado el caso en el cual fracase la conciliación, se turnan a las partes ante un árbitro o tribunal arbitral para que solucionen su problemática (*Cabello-Tijerina, 2021, págs. 80 a 81*).

En tanto que la mediación ha sido determinada por la doctrina como un método alternativo de solución de controversia igualmente no adversarial, a través del cual la figura del mediador, quien no tiene facultad alguna de proponer soluciones al conflicto, interviene con el objeto de facilitar la comunicación entre las partes en conflicto, con la intención de que estas acuerden voluntariamente una solución a la problemática en cuestión (*Cornelio, 2019, pág. 24 a 26*).

Aunado a esta figura de la mediación se encuentran otros dos procedimientos complementarios a la misma, la comediación y la remediación. La primera responde a la integración de otros mediadores para un mayor soporte y contribución a la solución de la problemática, resultando en un mayor beneficio, pues existe mayor número de propuesta de solución e intenciones comunicativas; en tanto que la remediación consiste en la reactivación del proceso, debido quizás esta pausa a falta de continuidad, una vez que las partes ya han llegado a algún acuerdo, pero han dejado a la libre decisión de ellas el cumplimiento de los mismos. Por lo que conjuntamente la mediación puede ser considerada un proceso continuo donde la conclusión del conflicto puede aparecer temporalmente pero luego proseguirse y ser necesario modificarse los acuerdos originales debido, ya sea a la falta de cumplimiento o la demora en el cumplimiento de estos, siendo a través de la comediación o por medio de la remediación, la resolución a una problemática planteada originalmente como una simple mediación (*Cornelio, 2017, pág. 12 a 14*)

De estas someras menciones sobre ambas figuras se desprende primeramente que las mismas son no adversariales, pues la búsqueda de la solución no responde a una actitud litigiosa sino a encontrar un término satisfactorio al conflicto y, en segundo término, que existe una diferencia sustancial entre una y otra, consistente esto en que la conciliación tiene por objeto persuadir y guiar a las partes hacia la solución propuesta por el conciliador; en tanto que la mediación se centra en simplemente guiar y orientar a las partes en confrontación para que sean ellas las que encuentran las posibles opciones de resolución a su dilema; contraponiéndose igualmente a estas dos anteriores la figura del arbitraje, la cual si es una figura adversarial que deja la decisión a la autoridad de un tercero, seleccionado voluntariamente por las partes, quien presuntamente posee suficiente veteranía para dilucidar la resolución a la problemática en cuestión.

Por tal motivo resultan evidentes los beneficios de recurrir a los medios alternativos de solución de controversias, pues estos brindan posibilidad inmediata de solución a conflictos, ya sea mediante la simple creación de puentes de comunicación, como lo puede ser la mediación, o ir más allá con la dispersión de soluciones sobre el conflicto en cuestión, como lo puede ser la conciliación. No siendo un término final estos, sino existiendo la posibilidad de recurrir al arbitraje, el cual busca de una forma más procesal y contenciosa, la solución al conflicto desde la experiencia y autoridad del o los árbitros.

Con relación al desarrollo de la figura del arbitraje, como mencionamos con anterioridad, realizaremos un detallado estudio sobre el mismo en el siguiente epígrafe del presente capitulo, en el cual mencionaremos los beneficios que brinda este, en general para la solución de conflictos y en lo particular para el presente estudio, por lo cual es considerada en términos de fines como la figura procesal idónea. Por lo que una vez dilucidado en qué consisten los procesos jurídicos, los procesos jurisdiccionales y no jurisdiccionales, y los diversos mecanismos alternos de solución de controversias, pasaremos al estudio de la figura procesal del Arbitraje, para luego continuar con los componentes básicos que hacen posible determinar teórica y fácticamente que un proceso es considerado como válido.

§2. EL ARBITRAJE

Proseguiremos entonces, una vez mencionados los mecanismos alternativos de solución de controversias y sus beneficios, a realizar un análisis de la figura procesal del Arbitraje. Dentro del universo de procesos jurídicos para dirimir controversias, ya sean estos jurisdiccionales o no, el arbitraje encuentra tanto histórica, como materialmente, un lugar primordial entre todos ellos. Históricamente hablando pues mucho antes de la creación de procesos jurisdiccionales o similares, los asuntos resultado de controversias interpartes eran solucionados mediante el concilio de selección y subordinación a un tercero con sabiduría suficiente para encontrar una solución satisfactoria del conflicto; y materialmente, pues debido a su configuración procesal no sucumbe a ninguno de los estragos y desgastes que pueden llegar a presentarse en algunos otros procesos jurídicos. Esta figura procesal, la cual debe tener su nacimiento en el simple hecho de la interposición pacifica de un tercero entre los interesados en conflicto, ha estado presente en cada una de las etapas históricas del desarrollo jurídico del hombre, desde la Roma antigua, pasando por la Edad Media, hasta la actualidad, en donde han existido procesos arbitrales para el desahogo de desavenencias entre sujetos (*González de Cossío, 2014, pág. 79 a 80*). Por tal motivo el arbitraje es comprendido como el sistema alternativo fundado en la autonomía de las partes integrantes del mismo, las cuales mediante esta deciden someterse tanto a un derecho determinado como a la autoridad de un tercero, con imparcialidad y especialidad suficiente para comprender y dirimir el conflicto en cuestión, poseyendo la decisión final (*laudo*) los mismos efectos de una sentencia judicial (*Ferrer Mac-Gregor, Caballero Ochoa, Steiner, 2013, pág. 1588*)

Dentro del conjunto de ventajas que usualmente se mencionan del arbitraje con relación a otras formas de solución de controversias, suele mencionarse en primer plano la celeridad, debido a que estos procesos resultan mucho más veloces que los desahogados ante la judicatura. Igualmente se hace mención a los ínfimos costos resultados de estos, ya que como consecuencia de la velocidad en la cual se resuelven los procesos arbitrales, en comparación con los judiciales, resulta más económica una resolución rápida a la controversia que la usualmente recibida luego del desgaste institucional que significan en la judicatura. Aunado a las anteriores se incluye la especialización, pues usualmente el fondo del asunto esta deliberado por árbitros relacionados con la práctica de la disputa en cuestión, por lo que hace mucho más centrado el área de conocimiento de quienes van a deliberar sobre el asunto en cuestión. Por último, la confidencialidad entendida como una ventaja debido a que toda información divulgada con motivo del desahogo del proceso es información sensible, ya sea para la actividad comercial o de cualquier otra índole, por lo que la máxima confidencialidad hace posible que no exista perjuicio alguno para aquellas partes que divulgan información sensible con amino de esclarecer sus pretensiones (*Gómez Frode, Briseño García Carrillo, 2016, págs. 863 a 865*)

Ahora bien, a forma de integración a las ventajas que puede brindar este tipo de procesos, se encuentra igualmente la denominada jurisdicción arbitral. Haciéndose referencia con esta al poder de dictar derecho que poseen los particulares debido a la manifestación de voluntad de dos o más partes en conflicto de querer solucionar tal contienda frente a un particular, proveniente esta capacidad de decidir sobre la jurisdicción del asunto en la legislación, misma que justificada en la autonomía de la voluntad, respalda la institución del arbitraje (*Caivano, 2000, págs. 23 a 31*). Esto ya que con jurisdicción se denota la potestad de juzgar y ejecutar lo juzgado en todo tipo de procesos, determinados estos por las leyes correspondientes, las cuales prescriben desde la competencia hasta los procedimientos de instancias. Por lo que la jurisdicción arbitral da la cabida de semejanza, en valor procesal, con la figura jurídica del proceso judicial. Todo lo anterior, tal y como ya fue mencionado, nos da la medida de que la jurisdicción no es una facultad exclusiva del Estado, sino que resulta igualmente valido el acto volitivo, nacido de la libertad individual, de determinar si ciertos conflictos interpartes son ventilados ante la jurisdicción estatal o ante árbitros, y eso representa igualmente una enorme ventaja.

Llegados a este punto, comprendidos los beneficios que brinda el arbitraje y su valor jurisdiccional, debemos entonces comenzar a dilucidar los elementos integrantes del arbitraje. Por lo que, en primera instancia como un elemento integrante del proceso arbitral, se encuentra el acuerdo o clausula arbitral, siendo este la piedra angular de todo arbitraje. Esto debido a que por medio de tal las partes acuerdan someter a un arbitraje la controversia que haya surgido o que pueda llegar a surgir entre ellas con relación a una determinada relación jurídica, ya sea esta de naturaleza contractual o no contractual (*Fernández Roza, Sánchez Lorenzo, Stampa, 2015, págs. 137 a 140*). Por ende, sin este instrumento jurídico el arbitraje perdería todo sentido, pues es por medio de este que las partes acuerdan, ya sea el sometimiento a la autoridad de un tercero o terceros para dirimir la controversia, sino que además se formaliza la manifestación de la voluntad sobre la determinación de desahogar la controversia en cuestión mediante el proceso arbitral. Cabe destacar que igualmente en este acuerdo interpartes usualmente se encuentra determinado el derecho aplicable al proceso de arbitraje que se llevara a cabo, el cual puede ser de carácter internacional o nacional del lugar en donde se llegare a efectuar el proceso arbitral y lo prescrito correspondientemente en la Convención de New York de 1958.

Consiguientemente, debido a que el acuerdo arbitral es finalmente un contrato con la particularidad de una cláusula compromisoria, este se encuentra igualmente sujeto a las determinaciones de existencia y validez que el resto de los contratos. Por tal motivo, para que el acuerdo arbitral se considera existente en el mundo jurídico deberá velarse que posean consentimiento y objeto que pueda ser materia de contrato. El consentimiento es el acuerdo de voluntades sobre la producción de derecho u obligaciones. Este puede ser materializado de manera expresa o tácita. Para el caso del arbitraje el consentimiento no puede suponerse, por lo que debe expresarse de manera clara, es decir, expresamente mediante firma autógrafa. Por otro lado, el objeto de todo contrato hace referencia a la creación y transmisión de derechos y obligaciones, en su forma directa, o a la cosa objeto del contrato, de forma indirecta. Consecuentemente, el objeto del acuerdo arbitral será la controversia que surja de una determinada relación jurídica entre las partes en conflicto. En tanto que los requisitos de validez hacen referencia a los elementos que debe contener un acto jurídico para ser considerado valido. En específico, que las partes que celebren el acto cuenten con capacidad, de goce y ejercicio; que no esté viciada la voluntad de ninguna de ellas, ya sea por algún error o similares; que el motivo del acto en cuestión sea licito, es decir, que constituya una permisibilidad jurídica; y que se cumpla con las formas previstas para cada acto en particular. Para el arbitraje en lo peculiar estos elementos se manifiestan en los casos en el cual las partes, o alguna de ellas, carece de capacidad para obligarse a lo prescrito en el acuerdo arbitral; o igualmente en el escenario en donde no se cumpla con las formas arbitrales prescritas en particular para que el derecho le confiera efectos jurídicos (*González de Cossío, 2014, págs. 188 a 236*).

A su vez, resultan importante destacar que, en adición a los requisitos de validez de los actos jurídicos mencionados, igualmente existen elementos de validez relacionados con el desahogo del proceso como un acto jurídico *per se.* Los mismos serán analizados y discutidos en el epígrafe siguiente cuando se desarrollen los elementos constitutivos y validos de los procesos.

Como complementación a lo anterior tenemos entonces que los principios rectores a los cuales se encuentra sujeto el arbitraje son: igualdad, plena oportunidad de hacer valer sus derechos, libertad para convenir el procedimiento a que se haya de ajustar el tribunal arbitral en sus actuaciones, la determinación del idioma que regirá el proceso. Dado el caso en el cual no haya acuerdo de las partes sobre estos rubros, el tribunal determinara: el lugar del arbitraje, siempre velando por el interés de las partes y su voluntad; determinar la admisibilidad, pertinencia y valor de las pruebas; determinar el inicio de las actuaciones arbitrales, en dependencia de la fecha del acuerdo en el cual partes a hayan instituido someterse al arbitraje (*Méndez-Silva, 2010, págs. 403 a 404*).

Ahora bien, concluido lo anterior y comprendido conceptualmente que es el arbitraje, sus primeros elementos y principios generales, proseguiremos a detallar el desahogo del proceso arbitral comenzando con la mención de las partes involucradas en dicho proceso jurídico. Para tal fin estableceremos de antemano que los procesos jurídicos serán considerados, en lo general, como procesos deterministas. Con este determinismo nos referimos a que poseen valor de certeza los parámetros relacionados con los elementos del mismo. Esto ya que, podemos entender totalmente la ramificación del mismo debido a la comprensión de los posibles valores de ingreso a estos procesos y la consecuencia inmediata relacionada con el ingreso de dicho valor a tales parámetros. Este esclarecimiento nos resulta útil para comprender cabalmente el desarrollo y desahogo de los diversos procesos jurídicos.

Tenemos en primer término entonces que al árbitro o el tribunal arbitral, los cuales son considerados sujetos con autoridad suficiente para dirigir y dirimir el desahogo del asunto que se les plantee, deben en todo momento actuar acorde con las reglas determinas por las partes y, dado el caso de que las mismas sean omisas, recurrir a las reglas prescritas en las leyes nacionales o modelos internacionales aplicables al caso, y si estas fueran igualmente omisas, a los principios procesales generales. En tanto que las partes participantes en el arbitraje son determinadas según quien haya propuesto el arbitraje y quien se haya adjuntado al mismo, siendo denominado quien propone el arbitraje como sujeto activo y quien se adhiere al proceso sujeto pasivo.

Por ende, consecuentemente a la determinación arbitral, el árbitro como forma de compromiso ante las partes, debe suscribir un documento en el cual acepta participar en el arbitraje como elemento deliberador y, a su vez, se compromete a conducirse en todo momento con independencia e imparcialidad, este documento es conocido en la generalidad como declaración de aceptación o declaración de aceptación, imparcialidad e independencia (*González de Cossío, 2008, págs. 74 a 75*).

Ahora bien, en contraposición, las partes deben suscribir en la etapa inicial del proceso arbitral un documento, conocido como Acta de Misión, en el cual se determina el marco general sobre el cual se desarrolla el proceso en cuestión, determinándose en este mismo el objeto materia de la litis recurrida. Igualmente, al ser este documento un acuerdo entre partes, además de contemplar los elementos de existencia y validez previamente mencionados, en cumplimiento de la forma valida que debe tener los mismos, y a su vez en concepto de forma deben contener necesariamente: nombre y domicilio de las partes contendientes; nombre del o los árbitros designados, mismos que en su totalidad deberán ser siempre en número impar; el objeto materia del arbitraje; si el tribunal actuará con o sin Secretario, el cual dado el caso deberá ser abogado o notario; la duración total del proceso de arbitraje; una determinación detallada del procedimiento arbitral, velando en todo momento que el mismo respete las diversas garantías procesales; y la mención de si el arbitraje será de derecho o de equidad, siendo de equidad si es omiso el acuerdo al respecto (*Flores Rueda, 2010, págs. 3 a 8*).

En segundo término, el proceso arbitral se desahoga mediante tres fases procesales esencialmente, no sin esto limitar la libre voluntad de las partes de determinar la configuración de su proceso arbitral. Estas fases son: la alegación, las pruebas y la conclusión. Comprendida la primera como el escenario oportuno donde las partes pueden hacer saber su perspectiva del asunto y sus pretensiones con relación al mismo. La fase de pruebas por otro lado es el momento en donde las partes ofrecen y finalmente desahogan los documentos, hechos o declaraciones que buscan acreditar los argumentos expuestos, pudiendo materializarse tal situación en cualquier punto temporal del proceso, dependiendo esto de las partes. En tanto que en la conclusión las partes hacen un resumen de los hechos con relación al desahogo de las pruebas, siendo de gran utilidad pues es una exposición concreta de las fases del proceso. Resulta importante destacar que los términos a las cuales están sujetas estas fases están completamente subordinado a la voluntad de las partes, en el caso de un arbitraje *ad hoc*, o a una legislación y autoridad determinada por estas en el caso de un arbitraje institucional. En el primer caso se hace referencia al arbitraje practicado según las reglas o guías procedimentales especialmente decretadas por las partes que intervienen en el caso concreto, sin realizar en momento alguno referencia a algún reglamento arbitral preestablecido. En tanto que el arbitraje institucionalizado es el desahogado a través de un organismo de arbitraje, el cual usualmente posee su propio reglamento en la materia, siendo este elegido por las partes en la cláusula arbitral previo o acuerdo arbitral posterior.

Ahora bien, el inicio de dicho proceso se puede establecer, salvo decisión en contrario de las partes, una vez que el sujeto pasivo es notificado de que el asunto en cuestión estará sometido a arbitraje, siendo considerada esta notificación efectiva al ser realizada mediante correo certificado, a través de notario o algún otro medio mediante el cual se corrobore válidamente dicho emplazamiento. Efectuada la notificación pertinente, se procede a la fase de alegación en la cual puede darse dos situaciones. La primera que el actor presente su escrito inicial de demanda y que su contraparte presente la contestación, en donde hace saber las excepciones pertinentes. En caso diverso a la primera, la parte actora aporta su escrito de demanda y el sujeto pasivo presenta una reconvención, dando respuesta a lo mencionado por el sujeto pasivo y plasmando a su vez pretensiones diversas a las aludidas en el escrito inicial (*Rodríguez, 2017, págs. 281 a 294*).

Una vez comprendido la posición de cada una de las partes con relación al asunto en cuestión, se procede al ofrecimiento y desahogo de pruebas, siendo importante mencionar nuevamente que debido a la voluntad de las partes la ubicación temporal de esta fase en el proceso puede cambiar subjetivamente. Usualmente existe un periodo previo a esto en donde se realiza el saneamiento de las mismas, para que de esta forma se produzcan aquellas que son realmente necesarias para acreditar los hechos materia del conflicto. De igual forma, las pruebas ofrecidas por lo general son desahogadas mediante una audiencia de forma expedita, pues el saneamiento previo dio oportunidad de eliminar las innecesarias y de preparar el desahogo de las que finalmente serian admitidas. En tanto que el análisis y la admisibilidad probatoria descansa en la decisión del árbitro o tribunal arbitral, basado esto en todo momento en lo pactado en el acuerdo arbitral y dado el caso de omisión en este, en lo descrito en los documentos internacionales relacionados con la materia *(International Bar Association, 2020, págs. 9 a 24)*

Como consecuencia lógica procesal de lo anterior tenemos entonces al Laudo arbitral. Es más ampliamente comprendido este como una decisión final que dispone de todos los puntos legales controvertidos sometidos al árbitro o tribunal arbitral, y cualquier otra decisión arbitral que determine en forma definitiva cualquier cuestión de substancia o procesal, siendo en el último caso necesario que se califique la decisión como laudo. La definición previa trae consigo una problemática, pues no se determina con claridad cuáles son las diferencias entonces entre un laudo y una decisión procesal, debido a que, si es tratado libremente por el árbitro o tribunal arbitral una decisión procesal como laudo, o viceversa, nos lleva a que las consecuencias lógicas procesales, tales como recursos o procesos de impugnación relacionados con estos, no podrán ser ejecutadas debido a su naturaleza. Lo que nos lleva a que deba entenderse a los laudos como decisiones sobre puntos controvertidos, definitivas, con fuerza de cosa juzgada, fundadas y motivadas. En tanto que las ordenes procesales son decisiones sobre aspectos procesales, revocables, sin fuerza de cosa juzgada y sin motivación alguna (*González de Cossío, 2014, págs. 701 a 706*).

En paralelo, la forma y el contenido del laudo es algo que se encuentra sujeto a una amplia discusión, pues existe una enorme variabilidad con relación a lo que debe contener el mismo. Por lo que al hacer mención de los elementos esenciales que debe satisfacer un Laudo se sujetan los mismos a lo que usualmente debe poseer una sentencia judicial, pues en términos generales, los laudos tienen una estructura similar a estos últimos. Dichos elementos son: la determinación del marco normativo aplicable, la descripción de los hechos relacionados con la controversia y, por último, la vinculación de los hechos con las normas aplicables nacido esto del razonamiento jurídico efectuado por los deliberadores de la controversia. Teniendo en todo momento que igualmente motivar su decisión y fundarla en la legislación previamente determinada como aplicable al caso en cuestión (*Fernández Roza, Sánchez Lorenzo, Stampa, 2015, págs. 339 a 340*).

Igualmente, el Laudo, aun siendo una decisión definitiva, no permite procedimiento impugnatorio alguno en su contra, esto debido a que es considerado irrecurrible en la mayoría de los sistemas jurídicos, pues las partes al adecuarse a este tipo de proceso deben tener conciencia de la inexistencia de un órgano superior que realice una verificación de la decisión tomada y que tal decisión una vez realizada posee la cualidad de cosa juzgada. El límite de esto se encuentra en el recurso de revisión o el proceso de declaración de nulidad del Laudo, variando estos en sustancia en dependencia de la legislación que se analice. El primero consiste en un proceso especial y autónomo de carácter impugnativo mediante el cual se busca se realice un análisis sobre situaciones posteriores a la deliberación del laudo, basados en la existencia de escenarios como la presencia de documentos decisivos que se concretaron de forma superveniente, la declaración de falsedad documental de un documento base de la decisión arbitral o casos similares. En tanto que el segundo responde a la necesidad de hacer notar la invalidez del Laudo debido a la existencia de alguno de los supuestos como serian la incapacidad de alguna de las partes, la vinculación personal o sentimental de alguno de los árbitros con alguna de las partes, y demás escenarios similares. En ninguno de los casos mencionados el análisis del Juez podrá entrañar un estudio del fondo del contenido del laudo, sino más bien un análisis de las formas y seguimiento de principios procesales generales, pues de lo contrario sería una violación a la voluntad de los particulares quienes decidieron someter a arbitraje su controversia (*Fernández Roza, Sánchez Lorenzo, Stampa, 2015, págs. 343 a 348*)

En ultima, instancia tenemos la ejecución del laudo, misma que es considerada el último elemento del proceso arbitral. Esta consiste en que el laudo por sí solo, tal y como ya fue mencionado, no posee fuerza de ejecución, pues el mismo una vez obtenido deberá ser presentado ante un juez para que este mediante el poder coactivo del Estado haga eficaz dicha decisión. Este acto de materialización forzosa nace exclusivamente por la negativa en el cumplimiento del laudo por la parte que fue condenada a la realización u omisión de un acto en específico. Por tal motivo, se formalizo la posibilidad de que dicha materialización forzosa fuera ejecutada mediante la vía de apremio o un juicio ejecutivo. Siendo la diferencia sustancial entre uno y otro el hecho de que la vía de apremio es un procedimiento que forma parte del proceso en lo general y el juicio ejecutivo es un proceso judicial independiente y completamente diferente al de origen.

Para el caso de los laudos arbitrales extranjeros, la eficacia nacida de la materialización forzosa surge de la vinculación legal que poseen el reconocimiento por los países firmantes o pertenecientes de la Convención sobre Reconocimiento y Ejecución de las Sentencias Arbitrales Extranjeras (*Convención de New York de 1958*) y, para el caso de los países americanos, de la Convención Interamericana sobre Eficacia Extraterritorial de las Sentencias y Laudos Arbitrales Extranjeros (*Convención de Uruguay de 1979*). Esto pues el incumplimiento de alguna de estas Convenciones, por parte de alguno de los países firmantes, conllevaría incurrir en una violación internacional.

Finalmente tenemos ante nosotros entonces un proceso, con cualidad procesal jurídica, dotado de deliberadores expertos en la materia a dilucidar, con una efectividad semejante a la judicial y una celeridad superior. Esto inevitablemente hace que el arbitraje sea considerado, al menos para los fines del presente estudio, como una guía procesal auxiliar para futuros desarrollos procesales *sui generis*. Por lo que, una vez comprendida la figura procesal del arbitraje, los beneficios que esta brinda, sus componentes básicos y las posibles ramificaciones del mismo, debemos entonces proseguir con los principios procesales que ostentan la característica de hacer posible determinar, tanto teórica y fácticamente, que un proceso pueda ser considerado como válido.

§3. LOS PRINCIPIOS RECTORES DE LOS PROCESOS JURÍDICOS

Mencionados someramente la diversidad de mecanismos de solución de controversias, resulta importante destacar entonces que estos mecanismos alternativos descritos, en muchos de los casos, son cuestionados por supuestamente no afianzar dentro de sus procesos las garantías procesales que presuntamente proveen las cualidades de justicia y que supuestamente si son plasmadas en los procesos judiciales gracias al cumplimiento cabal de los principios, derechos y garantías procesales seguidos por la judicatura.

Lo anterior se alega ya que se da por entendido que el Estado posee la obligación de cumplimiento forzoso de tales principios, derechos y garantías, pues es comprendido este en la contemporaneidad desde uno de sus pilares más importantes, la figura del *Estado de Derecho*. Por tal razón, para una mayor comprensión de este escenario, es necesario para el desarrollo de un estudio relacionado con una función mayormente estatal como lo son los procesos jurídicos, adentrarnos en un análisis vinculativo entre la figura del Estado de Derecho y los principios, derechos y garantías procesales que rigen los procedimientos en cuestión, específicamente aquellos aplicables a los procesos no judiciales, heterocompositivos y de oportunidad. Esto para que exista una comprensión cabal con relación a la necesidad y utilidad de tales principios, derechos y garantías procesales y, a su vez, llegado el momento de modelar computacionalmente los procesos para la solución de controversias, comprendamos las limitantes que se expresan en estos con motivos de los mismos.

Consecuentemente comenzaremos aseverando que todo estudio relacionado con procesos jurídicos debe en todo momento principiar con un análisis, así sea muy escueto como el que aquí se realiza, de la figura del Estado de Derecho, pues este representa un grupo de principios imperantes para la existencia del equilibrio necesario del cual debe estar provisto dicho orden que integra, entre otras cosas, el conjunto de normas sistematizadas con la intensión de brindar coherencia y precisión a la tramitología jurídica que representan los procesos jurídicos, es decir, las reglas del orden procesal mediante el cual se busca satisfacer la necesidad de solucionar una controversia suscitada por la interacción entre individuos de una sociedad, brindándose de esta manera para los mismos un entorno de determinabilidad, que da cabida a una estabilidad necesaria para un situación de constante beneficio.

Lo descrito anteriormente condujo inevitablemente a la determinación de principios y guías que lograran configurar lo denotado hoy en día como el Estado de Derecho, figura jurídica y política que ha sido definida en términos ordinarios como el conjunto de normas fijas y conocidas de antemano a las cuales está sujeta toda actividad del estado, brindando dichas normas una certidumbre de cómo es que la autoridad utilizara los poderes coercitivos con los cuales fue facultada para un fin determinado (*Hayek, 2015, pág. 132*).

Entendido esto, salta a la vista que el Estado de Derecho muchas veces es comprendido como aquel que actúa de acuerdo con una forma jurídica determinada y otras veces como la figura mediante la cual el derecho configura ciertas facultades y deberes para el ejercicio de una función estatal, siendo la primera de ellas la concepción material y la segunda la concepción formal del mismo (*Chevalier, 2015, págs. 16 a 18*). Lo anterior debido a que nace el escenario de vinculación necesaria entre la prescripción jurídica de las diversas potestades que posee la autoridad, como la propia existencia de tales leyes que brindan sustento a la actuación del estado en su finalidad pública.

Ahora bien, resulta importante destacar que el Estado de Derecho no es semejante o similar a la democracia, la justicia o los derechos humanos, pues en múltiples escenarios sociales, jurídicos o políticos donde no existen vestigios de democracia o justicia, y los derechos humanos son violados constantemente, podemos ver la configuración del mismo, ya que este responde a una estructura de orden jurídico y no al establecimiento de la democracia, la justicia o los derechos humanos como elementos intrínsecos y necesarios para una sociedad (*Raz, 2011, págs. 266 a 267*).

Una vez determinado de forma genérica en que consiste el Estado de Derecho, haremos una breve referencia y vinculación entonces a una figura similar significativa, la descrita y establecida por el sistema anglosajón, denotada como el *Rule of Law*. Esta se configura gracias a que por tradición histórica, la autoridad real había sido la fuente de derecho en el Reino Unido hasta que dicho escenario se invirtió y el poder paso a un órgano soberano parlamentario, limitando así la conducta arbitraria de un sujeto como reflejo de la actividad estatal, pasando a establecer dicha actividad pública en un órgano colegiado, mismo que aunado a esta transición de poder estableció un conjunto de principios rectores determinantes del orden jurídico y político del país. Esta situación brindo una seguridad de certidumbre basada en la necesidad de derechos de los individuos, mismos que se fincaron en un grupo de normas que finalmente se agruparon en lo entendido como la constitución británica, siendo importante para el establecimiento de este hecho la notable distinción de las diferentes perspectivas sobre el *Rule of Law*.

Por lo que, para el entrelazado de este concepto, el mismo es resultado de lo comprendido primeramente como el conjunto de normas que brindan seguridad jurídica a ciertos actos de posible realización por parte de la autoridad, como pudieran ser los actos de molestia o de privación, los cuales deben cumplir con un grupo de requisitos descritos en la constitución para no ser tomados como actos arbitrarios o de abuso de poder por parte de la autoridad. A su vez, que no solo no existe nada ni nadie por encima de la ley sino que todo sujeto, cualquiera que sea su situación o estatus, está sometido a exactamente las mismas leyes, los mismos procedimientos legales y mismos tribunales ordinarios que el resto de los individuos de la sociedad, no existiendo discernimiento legal alguno entre los sujetos integrantes de la misma; y por último, que a diferencia de la creación normativa en el resto de los países, nacidas esta de la comprensión del constitucionalismo moderno, el caso de creación normativa constitucional en el Reino Unido nace de las decisiones emitidas por los tribunales ante la solicitud de los individuos de que una situación determinada se tome como cierta en el mundo jurídico y no como resultado de un acto legislativo (*Dicey, 1915, págs. 107 a 122*).

Luego de lo anterior nos damos a la tarea de establecer entonces cuales son los principios comunes que pudiéramos señalar de ambos conceptos para crear una semejanza entre estas dos figuras jurídicas/políticas, creando de esta forma la posibilidad de poder referirnos a un conjunto general de estos principios en diversos sistemas. Para este fin tenemos que dentro de los principios integrantes del Estado de Derecho y del *Rule of Law* encontraremos la existencia de principios procesales como el de competencia e independencia judicial, certeza jurídica, igualdad jurídica, irretroactividad, legalidad, primordialmente (*MacCormick, 2016, págs. 60 a 77*). Siendo este último uno de los máximos representantes de la función jurisdiccional, pues a través de dicho principio de legalidad se establecen los parámetros de la actuación del estado limitando la misma a lo prescrito en las normas, incluso en el sistema interamericano de justicia este es comprendido como la obligación de observancia de ley que posee toda expresión de actuación de un poder público que implique un menoscabo, privación o alteración de los derechos de las personas (*Cfr. Caso Maldonado Ordoñez vs. Guatemala. Excepciones preliminares, Fondo, Reparaciones y Costas. Sentencia 3 de mayo del 2016. Serie C N.º 311, párrafo 89*). Por consiguiente, al ser la función jurisdiccional una actividad estatal, la misma está igualmente determinada por el rigor de este principio jurídico de legalidad y demás principios rectores del Estado de Derecho.

En tal caso tenemos entonces que estos principios, primordialmente el principio de legalidad, se erige como el mecanismo de sujeción de los poderes públicos a la ley, determinándose a través de la jurisdicción, en la inmensa mayoría de los casos, la posible inobservancia a la ley por parte de los mismos y por ende la potencial materialización de dicha sujeción obligatoria por parte de los órganos del estado. En esta situación se prevé igualmente que no solo los órganos estatales, ejecutivo y judicial en este caso, se acojan a lo prescrito por estos principios sino que estén sujetos igualmente el acto legislativo a este conjunto de principios que delimitan la actuación estatal, quedando así sometidos de igual forma los legisladores a los principios del Estado Derecho, más específicamente a los principios del estado constitucional de derecho, es decir, al principio de legalidad constitucional; pues ninguna ley dentro de un determinado orden constitucional puede ser contraria a la misma, esto por dos simples razones: porque la validez de las normas nace directamente de la prescripción constitucional de realizar una regulación especial, y porque como consecuencia de lo anterior en ningún momento se puede tomar como válida aquella prescripción legal que contravenga a una prescripción de carácter constitucional (*Atienza, Ferrajoli, 2005, págs. 87 a 95*). Con esto resulta evidente que la función jurisdiccional, al ser un oficio público, reiteramos que tiene una posición de obligada observancia con los principios del Estado de

Derecho, dotándonos en consecuencia con una fijeza provechosa para el objeto de este estudio.

Como resolución de esta primera idea aquí planteada, tenemos entonces que la función estatal está delimitada por los principios integrantes del Estado de Derecho, entre estos el principio de legalidad, por medio de los cuales es provocado que los procesos jurídicos sean procesos deterministas de carácter sistemático, brindándose certeza en el desahogo de los mismos, razón por lo que estos no pueden ser inobservantes de las normas prescriptivas definitorias de esta tramitología jurídica, dando cabida esto a que el desahogo de los mencionados procesos provoque una serie de pasos finitos determinados, dotando de una comprensión previa con respecto a las finitas ramificaciones del desahogo de cualquier solución de controversia solicitada a los tribunales.

Llegados a este punto podemos afirmar entonces que, dentro del conjunto de principios integrantes del Estado de Derecho, se encuentran aquellos principios procesales que son reglas garantes y limitantes de las actuaciones procesales, es decir, que hacen posible determinar que un proceso sea considerado como valido.

Aunado a esto un grupo selecto de estos principios a su vez crea otra figura jurídica procesal conocida como el *debido proceso*. Entendido este como el conjunto de requisitos que deben observarse en toda instancia procesal con la finalidad de que los individuos estén en aptitud de defender adecuadamente sus derechos (*García Ramírez, 2016, pág. 22*), siendo importante destacar que, tal y como ha sido planteado hasta este instante, con relación a estos existe una enorme discrepancia en la doctrina sobre su integración, pudiendo considerarse un punto de concilio entre todos ellos, principios tales como: legalidad, igualdad, competencia e independencia judicial, imparcialidad, irretroactividad de la ley y formalidades esenciales del procedimiento.

Lo anterior ya que, tanto los principios mencionados como aquellos derechos y garantías derivados de estos, satisfacen estos requisitos que hacen posible que los individuos puedan defender adecuadamente sus derechos contra cualquier autoridad y/o sus conciudadanos, ya sea a través de la judicatura o los medios alternativos de solución de controversia. Por lo que, consecuentemente, deberemos analizar y delimitar a nuestro estudio estos principios, derechos y garantías inherentemente necesarios para todos los procesos jurídicos, en específico para los mencionados procesos no jurisdiccionales, heterocompositivos y de oportunidad.

a. Igualdad y legalidad

El primero de todos estos principios, el de igualdad, en el sentido amplio se demarca como el principio que reconoce equiparación de todos los ciudadanos con relación a derechos y obligaciones de carácter público; pero este alcance sobre la igualdad no destaca una posibilidad real de paridad entre individuos, por lo que de esto se desprende que resulta extremadamente importarte destacar que la igualdad, determinada materialmente en un sentido global, es completamente inviable. Lo anterior debido a que tanto fisiológica como psicológicamente cada uno de los individuos resulta completamente diferente, lo que hace ser considerada una ilusión el sopesar a la igualdad de forma global con relación a los individuos de un grupo.

Por otro lado, el estimar que por motivos étnicos, raciales, económicos, sociales o cualquier otro que mine la dignidad del individuo, debe existir un trato diferenciado ante la autoridad y/o terceros, desemboca esto inevitablemente en discriminación. Por lo que al hablar de igualdad estamos buscando señalar que formalmente, dígase bajo la letra de la ley, ningún individuo resulta distinto de otro, pues la simple determinación de ser humano lo hace ser sujeto acogedor de todos estos derechos y garantías, entre ellos el de igualdad entre sus pares ante la ley.

Consecuentemente tenemos entonces que al hablar de igualdad en sus dos aspectos, a saber, la igualdad ante la ley entendida como igualdad material y el de igualdad en la ley entendida como la igualdad formal, hacemos referencia a la obligación existente en que los órganos deliberadores fijen que las normas jurídicas sean aplicadas de modo uniforme a todas las personas que se encuentren en una misma situación jurídica y, en paralelo, en que los órganos de creación normativa ajusten su función reguladora a una creación normativa que vele siempre por la igualdad entre individuos, nunca discerniendo por razones no justificadas; respectivamente. Por lo que la búsqueda final con relación a la concertación de este principio —derecho—, consiste más específicamente en la visualización desde su aspecto negativo en una prohibición de discriminar, esto pues la prescripción "*la ley es igual para todos*" tiene como propósito toda exclusión de discriminación arbitraria concretándose esto mediante su equivalente deontológico de prohibir discriminar sin justa razón (*Ovalle, 2021, págs. 29 a 40*).

De todo lo anterior podemos concluir que el principio de derecho imperativo de protección igualitaria y efectiva de la ley y no discriminación trae como consecuencia que los Estados deben abstenerse de producir regulaciones discriminatorias o que tengan efectos discriminatorios en los diferentes grupos de una población al momento de ejercer sus derechos. Además, los Estados deben tomar en consideración los datos que diferencian a los diversos miembros de la población en general y que conforman la identidad cultural de aquéllos (*Cfr. Corte IDH, Caso López Álvarez vs. Honduras. Fondo, reparaciones y costas. Sentencia 1 de febrero del 2006. Serie C N.º 141, párrafo 170 y 171*).

En complementación con lo expuesto en el antecedente sobre el derecho a la igualdad y su consecuencia jurídica a no discriminar, tenemos entonces que la legalidad, siendo esta un principio mencionado someramente con anterioridad en este estudio, podrá denotarse como la necesidad de coherencia sistemática de que toda acción emanada de cualquier órgano investido de poder público debe estar justificada por una ley previamente promulgada. Por tal motivo, una de las características de los sistemas democráticos reside en la necesidad de velar cautelosamente de que dichas medidas se adopten con estricto respeto a los derechos básicos de las personas, pues en aras de la seguridad jurídica es indispensable que la norma punitiva, sea de cualquier característica jurídica, exista y resulte conocida, o pueda serlo, antes de que ocurran la acción o la omisión que la contravienen y que se pretende sancionar. (*Cfr. Corte IDH, Caso Baena Ricardo y otros vs. Panamá. Fondo, reparaciones y costas. Sentencia 2 de febrero del 2001. Serie C N.º 72, párrafo 106*).

Encontrándose entonces lo previamente mencionado en vinculación directa con el principio de igualdad, en su sentido más amplio, pues mediante la concepción de que el determinar que ciertos individuos integrantes de una colectividad están en una situación jurídica de desventaja se relaciona directamente con la ausencia de legalidad y, por ende, de seguridad jurídica, esto ya que no puede ser justificado en ningún aspecto legal tanto la discriminación en la aplicación normativa, como en la formulación de leyes que declaren arbitrariamente la creación de individuos de segunda categoría, así como la determinación administrativa de facultades con relación a autoridades deliberadoras de controversias entre sujetos.

En paralelo, resulta importante destacar que dentro del ámbito que abarca el principio de legalidad se encuentra, en combinación con la seguridad jurídica, el principio de irretroactividad de la ley, mismo que hace referencia a la imposibilidad de poder aplicar en retrospección una ley en perjuicio alguno de un individuo, lo anterior tal y como ya hemos descrito en el antecedente, debido a que dada la calificación de un hecho como ilícito y la fijación de sus efectos jurídicos, estos deben ser preexistentes a la conducta del sujeto al que se considera infractor.

Específicamente la Corte Interamericana de Derechos Humanos (*Corte IDH*) ha plasmado su posición al respecto mencionando que la calificación de un hecho como ilícito y la fijación de sus efectos jurídicos deben ser preexistentes a la conducta del sujeto al que se considera infractor. De lo contrario, las personas no podrían orientar su comportamiento conforme a un orden jurídico vigente y cierto, en el que se expresan el reproche social y las consecuencias de éste (*Cfr. Corte IDH, Caso Liakat Ali Alibux vs. Suriname. Excepciones preliminares, fondo, reparaciones y costas. Sentencia 30 de enero del 2014. Serie C N.º 276, párrafo 60*)

De todo lo que antecede se desprende que establecido dentro del sistema que discernir entre sujetos basados en algo más que razones justificadas, encalla inevitablemente en discriminación, misma que establecida como una prohibición dentro del sistema jurídico hace que las autoridades o aquellos que materialmente actúen como tal, en sano cumplimiento de sus funciones, velen por la ausencia de tales conductas contradictorias al sistema. Lo que nos conduce a que toda acción, emanada de la autoridad o sujetos que materialmente actúen de manera similar, más allá de que pueda ser considerada discriminatoria o no, se encuentra sujeta a lo prescrito en la norma para que la misma pueda ser considerada como legal y, por ende, valida dentro del sistema jurídico correspondiente. Lo cual nos lleva a que tengamos entonces que, en un Estado de Derecho, los principios de legalidad, sus derivaciones como la seguridad jurídica y la irretroactividad de la ley, presiden la actuación de todos los órganos del Estado, en sus respectivas competencias, particularmente cuando viene al caso el ejercicio de su poder punitivo (*Cfr. Corte IDH, Caso de la Cruz Flores vs. Perú. Fondo, reparaciones y costas. Sentencia 18 de noviembre del 2004. Serie C N.º 115, párrafo 80*)

b. Competencia, independencia e imparcialidad

Una vez transitado el desarrollo de los principios de igualdad y legalidad, así como sus derivaciones lógica-jurídicas, tenemos que, para la existencia efectiva de una impartición de justicia, ya sea jurisdiccional o no, se deberá estar atento principalmente a su delimitación competencial, su independencia orgánica y su imparcialidad como autoridad. Esto ya que, todo debido proceso seguido ante un ente deliberador debe de estar ausente de cualquier vicio que pudiera ocasionar sugestión a incompetencias o parcialidad por parte de tal órgano.

Consecuentemente, la primera de ellas, es decir la delimitación competencial, deriva de la necesidad organizativa que se posee en los estados debido al hecho de que, en estos para la impartición de justicia, evidentemente, no existe un único tribunal que dirima todas las controversias suscitadas entre los individuos. Por lo tanto, resulta imperante el delimitar entre los diversos órganos encargados de la determinación de justicia cuales de estos se encargarán de que tipos de asuntos y a que niveles (*Fairén, 1992, pág. 251*).

Esto conduce a que, debido a las necesidades exactas a satisfacer en cada estado en particular, la determinación de la competencia de cada órgano se delimitara según materia, cuantía, grado y territorio. Haciéndose referencia con estas a si el asunto puesto a disposición del órgano es de carácter civil o penal; si el monto de la suerte principal del juicio es mayor o menor a la cantidad determinada por la ley para cada caso; si el procedimiento que se desahoga es de primera instancia o de alguna otra superior; o si el desahogo del proceso se está llevando a cabo ante el órgano territorialmente correspondiente. Con estas determinaciones de competencia, en este caso objetivas, a los estados les resulta mucho más plausible el desahogar más eficientemente todas aquellas controversias que terminen suscitándose en la convivencia ciudadana del día a día.

En paralelo a la competencia objetiva mencionada en el antecedente, existe una competencia subjetiva, vinculada esta con las reglas de impedimentos en lo general, particularmente las excusas y recusaciones a las cuales están sujetos los funcionarios de los órganos de justicia. Estas reglas hacen referencia en lo más amplio a la imposibilidad que posee un juzgador de analizar y finalmente decidir racionalmente sobre un asunto en el cual se encuentra involucrado personalmente, ya sea debido a que está implicado un ser cercano a este, tiene un interés más allá de lo profesional de que el asunto concluya de determinada manera o razón de cualquier otra índole. Por tal motivo, como reglas de competencia subjetiva fueron creadas estos impedimentos en lo general, siendo sus casos particulares las excusas, que es cuando el funcionario de propia voluntad hace evidente la existencia de impedimentos en el juicio y que con base en estos decide inhibirse del mismo; y las recusaciones que se dan en el caso en el cual alguna de las partes, teniendo conocimiento del impedimento que posee el funcionario con relación al asunto, le solicitan a este que se inhiba del juicio por tales razones que le impiden realizar efectivamente su trabajo (*Pallares, 2012, págs.359 y 694*).

En tanto, la independencia y la imparcialidad de los órganos deliberadores está sujeta a principios de constitucionalidad, más específicamente a la división de poderes estatales. Este principio está justificado en la idea planteada de que los poderes estatales, dígase el ejecutivo, legislativo y judicial, deben estar completamente separados debido a que la conjunción de alguno de estos o de todos en su defecto traería aparejada problemáticas tales como: si el ejecutivo y legislativo recaen en una misma persona o personas, conlleva a que hagan leyes tiránicas y las ejecuten tiránicamente ellos mismos; sino está separado el legislativo del judicial, los jueces podrían discrecionalmente limitar la libertad y la vida de los ciudadanos; y si no está separado el ejecutivo del judicial tanto los funcionarios de la administración como los jueces ejecutarían todo acto tiránico validado por sus propias decisiones (*Montesquieu, 2018, págs. 196 a 206*). Esto conduce a que, tanto para la estabilidad de la sociedad como para la confianza en las instituciones, resulte imperativo tal separación de poderes estatales.

Por tal motivo, solo podremos aseverar la existencia de juicio justo, contando los demás rubros que prescribe el debido proceso, cuando se materialice la independencia judicial y subsecuentemente la imparcialidad del juzgador con relación al asunto sujeto a su deliberación, pues tal y como agotan los poderes ejecutivos y legislativo, la función estatal de impartir justicia legal es un ejercicio autónomo y mayormente exclusivo del poder judicial en las democracias contemporáneas.

Dicho ejercicio autónomo debe ser garantizado por el Estado tanto en su faceta institucional, esto es, en relación con el Poder Judicial como sistema, así como también en conexión con su vertiente individual, es decir, con relación a la persona del juez específico. Esto tiene por objeto evitar que el sistema judicial en general y sus integrantes en particular se vean sometidos a posibles restricciones en el ejercicio de su función por parte de órganos ajenos al Poder Judicial o incluso por parte de aquellos magistrados que ejercen funciones de revisión o apelación (*Cfr. Corte IDH, Caso Reveron Trujillo vs. Venezuela. Excepciones preliminares, fondo, reparaciones y costas. Sentencia 30 de junio del 2009. Serie C N.º 197, párrafo 67*). En tanto que, más allá de la similitud que poseen las figuras de la independencia y la imparcialidad, estas difieren en un sentido estricto como dos figuras jurídicas diversas, consistiendo esta última en la exigencia que posee el juez que interviene en una contienda particular de que se aproxime a los hechos de la causa careciendo subjetivamente de todo prejuicio y, asimismo, ofreciendo garantías suficientes de índole objetiva que permitan desterrar toda duda que el justiciable o la comunidad puedan albergar respecto de la ausencia de imparcialidad. Esto ya que la actuación del funcionario debe aparentar no estar sujeta a ninguna influencia, aliciente, presión, amenaza o intromisión, directa o indirecta (*Cfr. Corte IDH, Caso Apitz Barbera y otros vs. Venezuela. Excepciones preliminares, fondo, reparaciones y costas. Sentencia 5 de agosto del 2008. Serie C N.º 182, párrafo 56*).

Lo anterior da la medida de que, más allá de las similitudes y puntos de contactos que puedan tener ambas figuras jurídicas, las mismas por los motivos ya expuestos deben ser entendidas de manera diversa, pues responden a dos finalidades diferentes, aunque en muchos casos lleguen a converger estas.

Por ultimo y como consecuencia material de la igualdad ante la ley previamente analizada, los órganos deliberadores están sujetos a reglas de imparcialidad, haciendo referencias estas a que las decisiones deben tomarse de manera objetiva, sin dejarse influir por opiniones, prejuicios o por alguna otra razón que hagan inapropiada la toma de decisión, es decir, que exista total ausencia de interés de resolver el asunto de determinada manera. De esta forma se busca prevenir que aquel sujeto que funge como titular del órgano se encuentre en una situación descompensada por razones de preferencia hacia alguna de las partes que integran el asunto puesto a su disposición para deliberar.

Esta figura entonces supone la ausencia de perjuicios de todos tipos, la absoluta negación a cualquier sugerencia o persuasión de parte interesada de encaminar el asunto de determinada manera y el no estar involucrado personal o sentimentalmente con el conflicto a dirimir. Como resultado, es necesario en todo momento total imparcialidad de hecho y de apariencia, para que de esta forma se mantenga la confianza y el respeto sobre las instituciones deliberadoras de justicia.

Esto conduce inevitablemente a que el órgano deliberador se vea obligado a aproximarse a los hechos de la causa de modo imparcial, ofreciendo garantías suficientes de índole objetiva que permitan desterrar toda duda que el justiciable o la comunidad puedan albergar respecto de la ausencia de imparcialidad. Relacionado entonces con este rubro, una de las formas de garantizar la conducción imparcial del proceso es a graves de la figura procesal de la excusa, analizada previamente, la cual emana del deliberador cuando estima estar impedido para conocer de un determinado asunto por considerar que podría verse afectada su imparcialidad (*Cfr. Corte IDH, Caso Ibsen Cárdenas e Ibsen Peña vs. Bolivia. Fondo, reparaciones y costas. Sentencia 1 de septiembre del 2010. Serie C N.º 217, párrafo 177*).

La posición jurídica más clara de la Corte IDH, con relación a la imparcialidad, ha sido aquella heredada desde la Corte Europea en donde destaca que la imparcialidad existe cuando los integrantes de cualquier órgano deliberador no tienen un interés directo, una posición tomada, una preferencia por alguna de las partes y que no se encuentran involucrados en la controversia. La imparcialidad personal o subjetiva se presume a menos que exista prueba en contrario. Por su parte, la denominada prueba objetiva consiste en determinar si el juez cuestionado brindó elementos convincentes que permitan eliminar temores legítimos o fundadas sospechas de parcialidad sobre su persona. En aras de salvaguardar la administración de justicia se debe asegurar que el juez se encuentre libre de todo prejuicio y que no exista temor alguno que ponga en duda el ejercicio de las funciones (*Cfr. Corte IDH, Caso Usón Ramírez vs Venezuela. Excepciones preliminares, fondo, reparaciones y costas. Sentencia 20 de noviembre del 2009. Serie C N.º 207, párrafo 117 y 118*).

c. *Formalidades esenciales del procedimiento*

Comprendido en el antecedente la imperante necesidad de inaplicabilidad retroactiva en perjuicio del individuo, el previo establecimiento de tribunales independientes y competentes, la existencia de proceso igualitario interpartes y del imperio de legislación determinante con relación al desahogo del proceso, se proseguirá con el conjunto de requisitos que brindan coherencia y certeza al proceso sujeto a desahogo, denominado para tales efectos como formalidades esenciales del procedimiento. Por lo que se comprenderá por formalidades esenciales del procedimiento aquellas donde se realiza efectivamente: la notificación de inicio del proceso, existe ciertamente la garantía de audiencia y la correspondiente publicación de una resolución que dirima la controversia acorde a un derecho previamente establecido.

Con la primera de ellas hacemos referencia a la necesidad que se posee sobre el conocimiento de la causa por parte del demandado, misma que sería imposible determinar por este si no existiera tal notificación sobre la controversia en cuestión. La misma trae consigo la determinación de existencia de emplazamiento, que no es otra cosa que el inicio del cómputo del plazo para que el demandado realice contestación sobre los hechos y peticiones con que se le relacionan. Cabe destacar que con relación tanto a la notificación y el emplazamiento existen confusiones de determinación sobre su esencia. Esto debido a que no se comprende con claridad que la notificación y el emplazamiento son dos figuras diferentes, a saber, la notificación es el conocimiento sobre la existencia de una demanda con hechos y peticiones relacionados con el demandado y que la misma ya fue admitida por un juez, y el emplazamiento es la consecuencia procesal inmediata a la realización de dicha notificación, comenzándose a contra el *plazo* para que el demandado exprese lo que a su derecho convenga.

Por ser estas figuras de suma importancia para las formalidades esenciales del procedimiento se han creado mecanismos que hacen posible determinar la efectividad de las mismas dentro del proceso. Tales mecanismos consisten en el cumplimiento cabal de los requisitos que hacen indudable el conocimiento real y efectivo del proceso nacido en contra del demandado a este mismo. Lo que trae consigo que dado el caso en el cual no se realicen estos se estará en una situación de nulidad, comprendida está en sentido amplio como aquel acto que no produce efectos jurídicos (*Huber, 2000, pág. 435*). No siendo posible proseguir con el proceso hasta que el juez determine la validez de la notificación y el subsecuente emplazamiento realizado.

Desarrollada la notificación, su consecuencia procesal inmediata y entendida su necesidad de validez. Tenemos entonces a la garantía de audiencia. Este resulta en una figura jurídica procesal extremadamente compleja. Lo anterior debido a que desde los inicios de la esquematización y formalización del debido proceso o de su contraparte anglosajona el *due process*, su integración ha sido gradual y muy ajustada a la experiencia dentro de los diversos procesos que integran los sistemas judiciales. Por tal motivo para el análisis escueto de esta figura procederemos a dar primeramente un contexto histórico sobre su creación y desarrollo actual, para luego comprender porque la misma está integrada por el ofrecimiento y desahogo de pruebas, la desvirtuación de afirmación contrarias y la expresión de alegatos finales.

La garantía de audiencia remonta su origen a la Carta Magna británica de 1215 celebrada entre los barones británicos y el rey Juan Sin Tierra. La misma plasma en su numeral treinta y nueve que: ningún hombre libre será arrestado, o detenido en prisión o desposeído de sus bienes, proscrito o desterrado, o molestado de alguna manera; y no dispondremos sobre él, ni lo pondremos en prisión, sino por el juicio legal de sus pares, o por la ley del país (*Soberanes, 2009, pág.171 a 172*), siendo el propósito de esta prescripción, más allá de las obvias implicaciones que existen debido a su amplitud, el establecimiento de una garantía en donde todo individuo tuviera la oportunidad suficiente de expresar lo que a su derecho conviniera en la causa destinada a privarlo de sus derechos. De esta situación se desprendió el desarrollo histórico jurídico de varios documentos tales como el *Petition of Rights, Bill of Rights,* etc., mismos que resultan en fuente histórica para el establecimiento prescriptivo en nuestro sistema interamericano de tal hecho, situación verificable mediante la réplica de lo señalado por la Convención regente en tal sistema al sentenciar que toda persona tiene derecho a ser oída, con las debidas garantías, por una autoridad competente, independiente e imparcial, establecida esta por medio de legislación con anterioridad al hecho en cuestión (*Convención Americana de Derechos Humanos, articulo 8.1*)

Por tal razón para poder referirnos con propiedad sobre la garantía de audiencia entenderemos por esta la facultad que posee una persona para contrarrestar, mediante la oportunidad de defenderse en juicio probando y alegando lo que a su derecho conviene, cualquier acto de autoridad que busque limitar o privarlo de sus derechos o posesiones. Consecuentemente, los presupuestos para la materialización de la garantía de audiencia consisten en el acto de autoridad privativo o limitativo de derechos y la existencia de juicio seguido ante tribunales competentes, imparciales e independientes, donde puedan concretarse las formalidades esenciales del procedimiento, específicamente esta garantía en cuestión (*Ovalle, 2021, págs. 67 a 93*)

De lo anterior se desprende que dada la existencia de un acto de autoridad que tenga como propósito la limitación o privación de derechos, deberá existir un mecanismo público de desahogo procesal mediante el cual el afectado pueda ofrecer y desahogar pruebas con lo cual logre demostración convencidamente que sus afirmación son ciertas, logrando por medio de estas desvirtuar las manifestaciones realizadas por la autoridad para justificar tal limitación o privación de derechos, para finalmente poder expresar de alegatos finales, los cuales no son más que un resumen de la posiciones de las partes con relación a las manifestaciones realizadas en defensa de sus posturas.

Por último, como uno de los tres componentes elementales de las formalidades esenciales del procedimiento tenemos entonces por último la existencia de una resolución que dirima el conflicto suscitado acorde a un derecho previamente establecido a la controversia en cuestión. Esta debe comprender en esencia los siguientes presupuestos básicos, a decir, la emisión de resolución por parte de una autoridad competente e independiente, que dicha sentencia este fundada y motivada, y que la condena en la misma sea proporcional con el daño causado (*García Ramírez, 2016, págs. 82 a 84*). En el inciso anterior ya fueron previamente analizados los requisitos de competencia e independencia de la autoridad emisora de fallos, por lo que solo nos queda proseguir con el análisis de la fundamentación, motivación y proporcionalidad de condena de las sentencias.

En consecuencia, los requerimientos de fundamentación y motivación van relacionados con la necesidad de que toda decisión por parte de la autoridad esté basada en lo alegado por las partes integrantes del conflicto, al igual que fundado en lo descrito en la norma jurídica. Lo anterior se describe con mayor énfasis de acuerdo con algunos criterios de la Corte IDH. De acuerdo con este órgano con fundamentación se busca que todo órgano que ejerza funciones públicas adopte decisiones basadas en la norma, lo que implica señalar la norma sobre la cual la autoridad está basando su actuación decisional (*Cfr. Corte IDH, Caso Yatama vs. Nicaragua. Excepciones preliminares, fondo, reparaciones y costas. Sentencia 23 de junio del 2005. Serie C N.° 127, párrafo 149, 152 y 153*); en tanto que con la motivación se propone que la argumentación de una decisión muestre que han sido debidamente tomados en cuenta los alegatos de las partes y que el conjunto de pruebas fue analizado, demostrando mediante esto que las partes han sido oídas (*Cfr. Corte IDH, Caso Tristán Donoso vs. Panamá. Excepción preliminar, fondo, reparaciones y costas. Sentencia 27 de enero del 2009. Serie C N.° 193, párrafo 153*).

Ahora bien, dado el caso en el cual la resolución sean condenatoria la misma debe ser conforme a la gravedad descrita en la controversia en cuestión, por lo que la desproporción entre lo reclamado y la condena hace que la misma sea considerada arbitraria pues destruye completamente el equilibrio entre lo plasmado como petición y lo condena con base en esa petición, ya que existe una vinculación entre el bien jurídico afectado y la culpabilidad con la que actuó el autor de la afectación (*Cfr. Corte IDH, Caso Masacre de la Rochela vs. Colombia. Fondo, reparaciones y costas. Sentencia 11 de mayo del 2007. Serie C N.° 163, párrafo 196*)

Por ello, logrado comprenderse los principios delimitantes tanto del Estado de Derecho como de los procesos jurídicos, para este último en gran medida el debido proceso, y a modo de resumen, la conciencia sobre tal vinculación entre el Estado de Derecho y el debido proceso regente en los procesos jurídicos, da consistencia de equilibrio institucional y ciudadano, esto ya que siendo el Estado de Derecho un modelo de orden que brinda certidumbre sobre la ramificaciones de actos públicos y el debido proceso un derecho en sí, pues el proceso resulta en una salvaguarda para el respeto de derechos sustantivos y para el control de la arbitrariedad en el ejercicio del poder (*Cfr. Corte IDH, Caso del Tribunal Constitucional vs. Perú. Fondo, reparaciones y costas. Sentencia 31 de enero del 2001. Serie C N.° 71, párrafo 64*); tendremos entonces que la mencionada determinabilidad en la ramificación del sistema procesal en lo general brinda la posibilidad de comprender los procesos jurídicos como modelos formales, pues mediante el análisis aquí realizado, se ha hecho evidente la autonomía de la voluntad provee la posibilidad de que todo individuo decida libre y contingentemente su subordinación a la judicatura en la resolución de una controversia, aunado al hecho de existencia de mecanismos alternos a los procesos judiciales, tal como el Arbitraje, que ofrecen la oportunidad de desahogar heterocompositivamente disputas entre individuos, no sin dejar de velar en todo momento en estos por los principios marcados en el Estado de Derecho y las reglas regentes de los procesos jurídicos, que brinda la citada determinabilidad.

Con motivo de todo lo anterior, resulta completamente evidente que la combinación eficiente de validez de estos principios nos lleva a que la administración de justicia, ya sea judicial o no judicial, este guiada por un grupo ordenado de directrices que permiten conocer previamente el desarrollo de las circunstancias y posibles actuaciones de la autoridad o terceros actuando materialmente como tal, dentro del sistema deliberador sobre las controversias que se llegaren a plantear. Cabe destacar que, habiendo sido analizado en este capítulo varias figuras procesales, mismas consideradas para muchos exclusiva de la administración de justicia judicial, alegamos entonces que resulta posible extrapolar todas estas a los procesos no jurisdiccionales y desahogar estos con igual certeza y cualidad de valores procesales que los desahogados ante la judicatura.

Capítulo II

Los procesos jurídicos y su vinculación con los modelos computacionales

Llegados a este punto, debemos entonces indagar en las señaladas características que comparten estos procesos jurídicos y los modelos computacionales, para iniciar con la demostración de posibilidad de modelación computacional del desahogo de procesos jurídicos. Para este cometido debemos delimitar inicialmente, de manera muy general, que entenderemos por modelo determinista. Desde una perspectiva aplicada a la computación, este es comprendido como un modelo computacional en el que, en dependencia de los valores de entrada al sistema, estos producirán invariablemente determinados valores de salida, eliminándose consiguientemente por completo la existencia del azar en el proceso modelo en cuestión (*Hopcroft, Motwani, Ullman, 2008, pág. 31*). Esto conlleva a que, comprendido que, dentro de los sistemas jurídicos, vistos desde su generalidad, una característica primordial ha resultado en la certidumbre funcional necesaria, nace la posibilidad de analizar los mismos desde la similitud que poseen con los modelos computacionales deterministas.

Esta necesidad de certidumbre funcional, encuentra su origen en el establecimiento del *Estado de Derecho,* con los matices ya mencionados, derivándose consiguientemente como uno de sus elementos, el de la seguridad jurídica, comprendiéndose con esto, en mayor medida, en la búsqueda de confirmación de que toda actuación del poder público o sujeto alguno que actúe materialmente como tal, este sometida al principio de legalidad, ya previamente descrito, derivado este último de la seguridad jurídica. Encaminándose inevitablemente lo anterior a la necesidad de que los procesos jurídicos posean la certidumbre con respecto a su desahogo, por lo que las fases procesales en particular no varían, ni las reglas relacionadas con el tránsito entre de cada una de estas fases procesales. Teniendo esto como propósito brindar certeza con respecto al desahogo del proceso en cuestión, fundado en el hecho de que las reglas de tramitología procesal, para brindar certitud y consiguientemente certidumbre, deben existir previamente al desahogo de cualquier controversia.

Por tal motivo para lograr el propósito de automatizar, mediante modelación computacional, determinados procesos jurídicos enfocados en la solución de controversias, resultan necesario establecer previamente ¿qué se entiende por procesos jurídicos?, por qué dentro de los rubros del *Estado de Derecho* se determina que en estos procesos no exista variación con respecto a sus fases procesales en particular, ni las reglas que prescribe el tránsito entre una u otra de estas fases; para por ultimo determinar ¿qué es un autómata? y bajo qué modelo de autómatas es posible automatizar el desahogo de determinados procesos de solución de controversias, o si resulta más beneficioso crear uno *sui generis* que satisfaga las nuevas demandas procesales.

§ 4. LA VINCULACIÓN ENTRE LOS PROCESOS COMPUTACIONALES Y LOS JURÍDICOS

Para la búsqueda de orden, coherencia y eficiencia dentro de los parámetros marcados por el *Estado de Derecho* y como consecuencia de que en este mismo se establece la imposibilidad jurídica de administrar justicia por propia mano, fue necesario crear un mecanismo a través del cual se le brindara solución a las controversias sociales que se suscitaran. Entre los múltiples mecanismos de solución de controversias sociales que pudieran mencionarse, tanto en su forma autocompositiva como en su forma heterocompositiva, hemos mencionado que los denominados procesos judiciales y no judiciales han trascendidos como el recurso final para la resolución de conflictos sociales.

Estos mecanismos resultaron en un conjunto de procedimientos ordenados de forma secuencial para ser desahogados ante un órgano competente, cuyo procedimiento y facultad para decidir sobre la problemática en cuestión se justificó en normas preestablecidas en un sistema con las mismas características. Lo anterior con el propósito de que tanto los actos procesales de la mencionada autoridad, como los ejecutados por las partes que impulsen el proceso, estuvieran definidos con precisión y se lograra de esta forma una tramitología concisa y eficiente, con el fin de brindar solución al conflicto en cuestión y, por ende, administrar justicia acorde a derecho.

Ahora bien, como consecuencia del encaminado desarrollo de lo hasta este punto descrito y la búsqueda de esquematización de los procesos jurídicos como conjunto de procedimientos, debemos entonces discernir entre la noción de proceso y de procedimiento, pues en la mayoría de los casos se utiliza como sinónimo estos conceptos siendo incluso tomados como equivalentes a litigio, juicio, etc.

La diferencia sustancial reside en que el procedimiento es una coordinación de actos entrelazados justificados estos en un proceso o en una parte del mismo (*Alcalá Zamora y Castillo, 1991, págs.115 a 116*), en tanto que el proceso *per se* es entendido como el conducto a través del cual se dicta derecho con relación a una pretensión de parte (*Calamandrei, 1960, págs. 49 a 51*). Comprendiéndose a raíz de lo anteriormente planteado que el procedimiento es un parte, minúscula o mayúscula pero nunca total, del proceso, no limitándose exclusivamente a rama judicial o no judicial alguna, sino que es posible igualmente la existencia de procedimientos legislativos, ejecutivos u otros. Este discernimiento se destaca con la finalidad de, posteriormente, comprender que con la conjunción de elementos integrantes del modelo computacional solo se crean procedimientos o se definen fases procedimentales, pudiéndose determinarse solamente como proceso al conjunto total de elementos del modelo.

De cualquier modo, los mencionados conjuntos de procedimientos ordenados y secuenciales, más allá de la necesidad de diversidad procesal que pudiera existir debido a los diferentes tipos de fines que busque quien pretende, poseen una línea de desarrollo común, logrando agruparse cualquier proceso en cualquiera de los dos tipos generales previamente mencionados y detallados: los procesos penales o de necesidad y los procesos no penales o de oportunidad. Por lo que consecuentemente, basados en la idea de modelar computacionalmente el desahogo de procesos jurídicos, debemos utilizar como pilar el conjunto de procesos de oportunidad, poseyendo igualmente cada uno de ellos una estructura central invariable, la cual permite el desahogo eficiente de las peticiones con base a derecho, asentados estos en la designación de elementos comunes tales como son las etapas procesales: postulatoria, probatoria, de alegatos y resolutiva (*Fix Zamudio, Ovalle Fabela, 1991, págs. 60 a 61*). Razón por la cual para el desarrollo del presente estudio nos sujetaremos a las etapas procesales de los procesos no penales, vinculándolo en todo momento con los tipos de procesos ya señalados en lo particular.

Por otro lado, para la existencia y materialización del proceso no penal igualmente resulta necesario declarar la conjugación de varios elementos previos, tales como la titularidad de un derecho subjetivo, ya sea contractual o de otra naturaleza, y la disposición de adversarios entre las partes, es decir, que quien pretenda que se configure un hecho como cierto en el mundo jurídico deberá ser titular de ciertas potestades jurídicas para la exigencia de configuración de tal hecho, además de que igualmente exista resistencia por parte de su contraparte en que dicho hecho no se configure como tal.

Indistintamente, a modo de ejemplo, para la presencia del denominado proceso arbitral resulta necesaria la preexistencia de elementos constitutivos del mismo, pudiendo ser esto la cláusula arbitral o el pacto compromisorio arbitral; podemos entonces ver con mayor claridad la relación de engranaje y dependencia que poseen cada uno de los elementos de este como proceso. Pues si existiendo la acción por medio de la cual se pretende la aspiración de un bien y no estando definida la jurisdicción para determinar quién decide sobre tal hecho, jamás podrá conjugarse como válida o no en el mundo jurídico dicha aspiración; de igual modo si llegare a estar determinada la jurisdicción y las bases procedimentales para el desahogo del proceso, pero en ausencia la acción, no podrá ser posible que se configure este último.

De tal forma se demuestra la relación de dependencia entre uno y otro, dígase proceso y modelos, en tanto que el engranaje entre ellos está sujeto a la estructura teórica y las prescripciones normativas que se llegaren a construir, siendo necesario que estas posean un sentido secuencial lógico, pues como un ejemplo de lo anterior: no tiene sentido de que estando en la etapa probatoria, finalizando el desahogo de pruebas, se lleve a cabo la presentación de excepciones procesales, pues existen los momentos procesales oportunos, dígase, las etapas procesales correspondientes para cada acto procesal. Estableciéndose de esta manera la necesidad de existencia de etapas delimitadas y tránsitos entre las mismas muy bien establecidas.

Por lo tanto, dentro de la conformación de los procesos no penales como medio de solución de controversias, más específicamente los medios alternativos de solución de controversias, deben converger varios elementos de forma coherente para el cometido de este fin, engranándose los mismos de forma tal que el proceso se comporte como un todo, siendo este comportamiento de carácter sistemático. Dada esta afirmación debemos establecer entonces los principios y bases necesarias para sustentar la idea de concepción procesal sistemática.

Dígase, cuando hablamos de sistemas, desde una perspectiva general, debemos entenderlos como un conjunto variado de elementos que interactúan, definiendo interacción como un comportamiento vinculado entre un elemento y una relación, siendo un elemento *e* vinculado con una relación *R*, completamente diferente de la vinculación de una relación *R´*

con un elemento *e (von Bertalanffy, 1976, pág.56)*. Con base en esto, no solo se debe conocer la relación sino los elementos que integran el sistema, siendo necesario distinguir entre tres tipos diferentes de elementos: en dependencia del número, de la especie y de la relación. Por lo que, los procesos judiciales y no judiciales, más específicamente los procesos no penales, como estructura sistemática, posee elementos con características constitutivas, es decir, que los mismos dependen de las relaciones específicas que se dan dentro del conjunto variado. A su vez, el sistema está estructurado de forma tal que existe un comportamiento coherente y se encuentra definida la función de cada elemento y la transición de uno a otro, existiendo una dependencia entre cada elemento, pues individualmente no poseen sentido alguno, pero existiendo una interrelación y entendido este como un todo, se manifiesta la coherencia del sistema. Además de que, en dependencia de su funcionalidad, el sistema puede ser entendido como un sistema abierto o cerrado, siendo la dependencia a la interacción con el exterior la clave para determinar tal situación.

Brindando un ejemplo en el mundo procesal jurídico: los procesos jurídicos pueden ser entendidos como sistemas abiertos, pues dependen de materia del exterior para su funcionalidad, en este caso de la pretensión de parte que acciona la vinculación entre elementos y relación del sistema; siendo a su vez uno de los elementos de este sistema procesal las etapas procesales desahogadas a través de procedimientos, entendiéndose estas como el cúmulo de acciones que componen el transito total desde la primera hasta la última etapa procesal del proceso de oportunidad, heterocompositivo y no judicial, *per se.*

Específicamente se puede brindar más claridad a este punto describiendo el proceso, a grandes rasgos, de la siguiente forma: dada la disyunción entre una conducta humana discrepante y la potestad jurídica que posee un individuo, este decide ingresar su pretensión en el sistema procesal pasando así a activar el primer elemento o la primera etapa procesal del mismo (*etapa postulatoria*). Una vez concluida esta existe una transición hacia una segunda etapa procesal (*probatoria*), misma que igualmente es un elemento del sistema procesal, en la cual los individuos pasan a demostrar la validez de sus afirmaciones a través de la certeza que pueda brindar las pruebas ofrecidas por los mismo. Llegando a una penúltima etapa procesal (*de alegatos*) en donde se ataca o se sustenta argumentativamente las pretensiones o resistencias logradas demostrar, evidenciándose en este hecho la existencia de sistema, pues se brindó certeza de la presencia de relaciones entre más de dos elementos diferentes, cumpliendo de esta forma la regla base de existencia de sistema. Concluyéndose el proceso con la última etapa procesal (*resolutiva*), con la cual terminan los actos que provocan la transición entre etapas procesal o elementos del sistema.

A modo de resumen, un sistema se debe entenderse como un conjunto variado de elementos y relaciones. Derivando en que el proceso es un cúmulo de consecución de actos entre cada elemento del sistema, siendo el procedimiento el desahogo de cada una de las etapas procesales o subsistemas dentro de este sistema procesal; y una vez, dilucidado esto, el proceso jurídico debe ser entendido entonces desde una perspectiva sistemática y respetando la concepción teórica contemporánea de proceso (*Alcalá Zamora y Castillo, 1991, págs. 107 a 112*), como un sistema abierto de entradas y salidas vinculadas, con subsistemas o etapas procesales, definidas, determinadas y formalizadas de manera sistemática. Esto hace totalmente evidente su semejanza y, por consiguiente, se viable vinculación con los procesos computacionales los cuales se comportan sustancialmente de manera similar.

§ 5. ¿QUÉ ES LA TEORÍA DE AUTÓMATAS?

La teoría de autómatas es una rama de la teoría de la computación que se enfoca en estudiar modelos abstractos y los problemas que se pueden resolver por medio de estos. A grandes rasgos, no es otra cosa que la idea de una máquina que intenta simular procesos cognitivos, definiéndose como tales aquellos que representan una transformación de la información para producir resultados específicos con base en la información recibida inicialmente (*Smith, Kosslyn, 2008, pág. 12*). De esta conceptualización de procesos cognitivos se establecen dos grupos entre los cuales se divide tal procesamiento, estos son: 1) los procesos automáticos, entendidos estos como aquellos que tiene una iniciación maquinal, operando con rapidez y que se ejecuta inconscientemente; y los 2) procesos no automáticos, también denominados procesos controlados, los cuales precisan de deliberación, son mucho menos expeditos que los automáticos y requieren de una consciencia para operar (*Smith, Kosslyn, 2008, pág. 12*). Por lo tanto, un autómata es un modelo artificial de conducta formado por estados que pretende resolver problemas simulando procesos cognitivos automáticos.

En consecuencia, para la comprensión de la teoría de autómatas resulta necesario el establecimiento previo de conceptos tales como: alfabeto, cadenas de caracteres, gramáticas y lenguaje, siendo los anteriores elementos fundamentales de esta teoría y por consiguiente necesarios de definir cada uno de ellos.

Primeramente, los alfabetos (Σ) en la teoría de autómatas, son entendidos como un conjunto de símbolos finito y no vacío, pudiendo hablarse de cualquier tipo de símbolo para este fin y de conjunto vacío como aquel que no posee elemento alguno. En tanto que las cadenas de caracteres (*w*) representan una secuencia finita de símbolos tomados de un alfabeto determinado, un ejemplo de ellos son las palabras; es decir, del alfabeto latino una secuencia finita de símbolos seria la palabra "*brujas*", que es una cadena de dicho alfabeto. Cabe destacar que puede existir una cadena vacía (ε), que no es otra cosa que una secuencia sin ningún símbolo. Por último, los lenguajes (*L*) serán entendidos entonces como un conjunto de cadenas *w* pertenecientes a Σ, por lo que si establecemos que Σ es un alfabeto dado y *L* es igual a o un subconjunto de Σ, entonces *L* es un lenguaje de Σ (*Hopcroft, Motwani, Ullman, 2008, págs. 24 a 28*). El problema comienza a nacer cuando debemos demostrar que una cadena *w* pertenece a un lenguaje *L*.

Siguiendo el ejemplo anterior se puede mostrar que con un alfabeto Σ = {a, b,... y, z} en la construcción de una cadena o palabra tipo "*fratello*", si mi lenguaje *L* es el Lenguaje Español y no el Italiano, dicha cadena no pertenecerá a mi lenguaje, por lo tanto, no todas las cadenas pertenecen al mismo lenguaje, incluso si estas poseen los mismos símbolos del alfabeto. Por lo que a través de las gramáticas formales se determinara cuáles son las reglas de formación que definen a las cadenas de caracteres como admisibles en un lenguaje determinado.

Todo esto responde a las estructuras sintácticas, entendidas estas como el orden lógico y adecuado de expresar un morfema o sintagma sin equivocidad o de forma incomprensible, siendo irrelevante buscar una definición de gramaticalidad a partir de la semántica, pues en muchos casos existen estructuras sintácticas gramaticalmente validas pero que carecen de todo sentido semántico, esto porque la sintaxis es autónoma e independiente de la significación.

Consecuentemente podemos afirmar que las gramáticas en general, analizadas desde su elemento oración, poseen una estructura básica consistente en: un sintagma nominal *SN*, nacido de la unión entre un determinante *Det.* y un sustantivo *N*; y un sintagma verbal divido este en: un verbo *V* y un sintagma nominal *SN*, usualmente con un adjetivo *Adj.* Un ejemplo de lo anterior seria la oración: *este país brinda una plataforma impresionante*, formulándose sintácticamente de la forma *O → SN (Det. + N) + SV (V + SN + Adj.) (Gross, Lentin, 1970, págs.47 a 72).* Pudiendo igualmente expresarse a través del árbol sintáctico como:

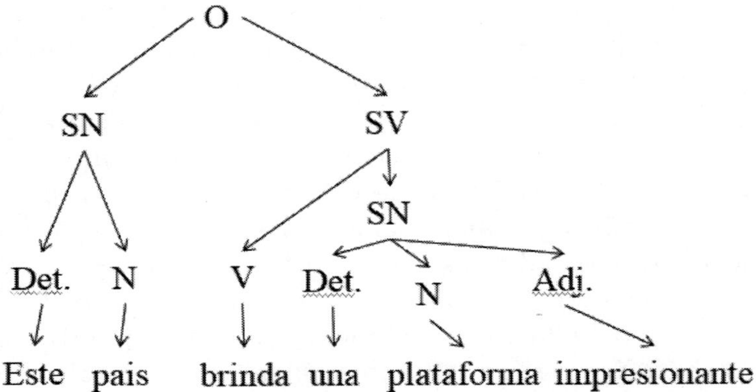

Basados en lo anterior, debemos entender entonces a las gramáticas formales como aquellas que determinan la secuencia correcta para los elementos de construcción de un lenguaje. Estas consisten, a grandes rasgos, en entes formales encargados de especificar finitamente un conjunto de cadenas de símbolos que constituyen un lenguaje dado. Estos entes formales finitos se conocen como formulas, mismas que están formadas por átomos, siendo estos entendidos como objetos elementales pertenecientes a un determinado alfabeto.

Por lo que, con base en las reglas de formación, es decir, en este conjunto de reglas que determina si una cadena de caracteres pertenece o no a un lenguaje determinado, las mismas deben cumplir de manera general con lo siguiente: toda palabra *X* es una formula, por lo tanto, la negación de *X* es también una formula, además de afirmarse de que toda formula se obtiene a partir de la conjunción de átomos o formulas (*Gross, Lentin, 1970, págs.47 a 72*).

Cada tipo de lenguaje posee una organización diferente, aunque en ocasiones similar, de los constituyentes sintácticos en dependencia de los niveles sintácticos-morfológicos de cada uno, v. gr.: si tenemos un alfabeto subconjunto del alfabeto latino Σ = {a, *x*, *y*, *z*} y las reglas de formación con base en la cual nos regimos es la gramática española, las únicas cadenas de caracteres admisibles en nuestro lenguaje con base en nuestra gramática son las fórmulas: "*x*", "*y*", "*ya*", "*yaya*", "*z*", "*za*" y combinaciones lógicas entre ellas del estilo "*y ya yaya*", pues ninguna otra combinación de caracteres dentro de una cadena es reconocida como pertenecientes a la Lengua Española, aunque si pudiendo serlo con el mismo alfabeto por la Lengua Turca con una cadena tipo "*yaz*".

Debido a esto, dentro de las gramáticas existe un sinfín de diversidad, *v.gr.* gramáticas prescriptivas, descriptivas, tradicionales, funcionales, etc., por lo que de todas ellas solo analizaremos las gramáticas formales, más específicamente las gramáticas regulares pues son estas las aplicables a los lenguajes regulares que son los utilizados por los autómatas finitos deterministas, mismos que serán posteriormente una de las herramientas para el desarrollo del objeto de este estudio.

En consecuencia, entenderemos por gramática regular aquella gramática formal más restrictiva, misma que se constituye por una cuádrupla (*N, T, P, S*, donde *N* es el conjunto finito de símbolo no terminales, *T* es el conjunto finito de símbolos terminales, *P* es el conjunto finito de producciones u oraciones, y *S* es el símbolo distinguido), siendo comprendida como una gramática lineal de derecha, cuando la creación gramatical se desvía en el diagrama hacia la derecha, o de izquierda, cuando sucede lo opuesto (*Chomsky, 1956, págs. 113 a 124*). Estas gramáticas generan lenguajes regulares los cuales son leídos por los autómatas finitos y se expresan por medio de las expresiones regulares (*Hopcroft, Motwani, Ullman, 2008, págs. 43 a 46*). Esto se clarifica al describir el siguiente ejemplo: imaginemos que queremos construir la oración "*el hombre baila guaracha*" o la oración "*el hombre bebe Cubalibre*", tendríamos entonces que declarar según el diagrama que se plasma a continuación que *N (el hombre, baila), T (guaracha), P (el hombre baila guaracha),* como la construcción de una gramática lineal de izquierda, formalizándose lo anterior: $A \in N$, $B \in N$, $a \in T$, siendo $A \rightarrow Ba$, es decir, *A (el hombre)* $\rightarrow$ *B (baila) a (guaracha);* o en su defecto, *N (el hombre, bebe), T (Cubalibre), P (el hombre bebe Cubalibre),* como la construcción de una gramática lineal de derecha, formalizándose lo anterior: $A \in N$, $B \in N$, $a \in T$, siendo $A \rightarrow aB$, es decir, *A (el hombre)* $\rightarrow$ *a (Cubalibre) B (bebe)*

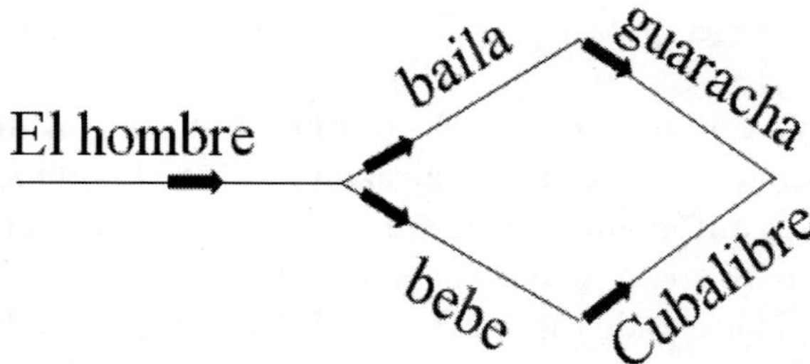

Esto se puede igualmente expresar como estructuras semejantes a las plasmadas en los árboles sintáctico previamente descritos, para lo cual las ramificaciones de este serian mediante un bucle, al cual pueden intercalarse valores hasta el infinito, insertado en el final de cada nodo (*Chomsky, 1974, págs. 33 a 50*), tal y como se muestra mediante el siguiente ejemplo:

reciclando lo descrito en la figura que antecede, para la construcción de una oración del tipo "*el hombre esbelto y mayor baila impresionantemente guaracha*" expresada $O \rightarrow SN\ (Art. + N + Adj.) + SV\ (V + SN + Adj.)$, diagramándola de las siguientes formas:

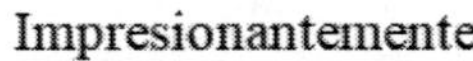

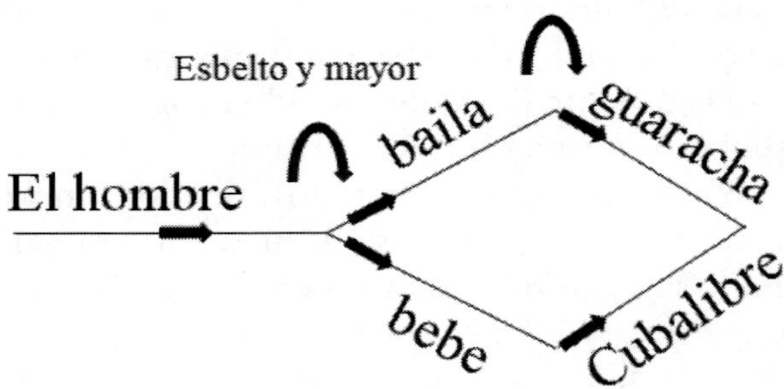

Siendo posible igualmente describirlo en un árbol sintáctico, como se muestra a continuación:

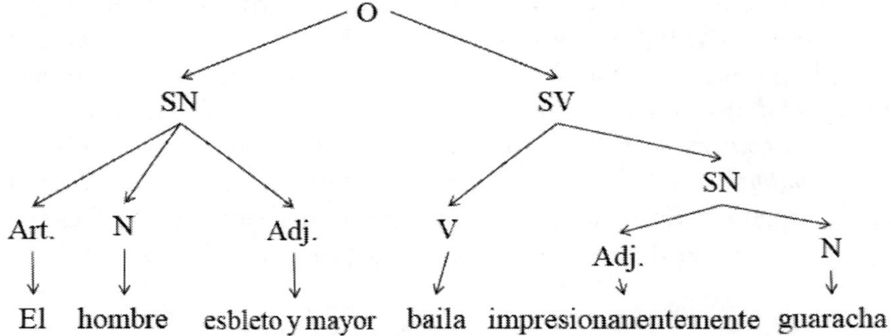

Llegados aquí y analizados los conceptos integrantes de un autómata finito determinista, denotados como finitos a razón de que el conjunto de estados que integran dichos autómatas es un número concreto, es decir, el conjunto de elementos sobre los cuales se transita en el autómata es un valor definido, y determinista porque luego de ingresado el valor al autómata solo puede estar en un único estado, en otras palabras, en dependencia del valor de ingreso la transición puede o no existir y en caso de que suceda será hacia un único estado; debemos establecer las definiciones formales de los mismos.

Para estos existe una definición formal consistente en la integración de una quíntupla de elementos: **1)** un conjunto de estados finitos Q, en específico: $q_{0,}$ $q_{1,\ldots,}$ q_f; **2)** un alfabeto Σ; **3)** un estado inicial q_0 que pertenece al conjunto de estados Q; **4)** una función de transición T; y **5)** unos conjuntos pertenecientes a Q que representan los estados finales o aceptados F por el autómata. A su vez, es importante establecer que por ser determinista en nuestro autómata no pueden existir escenarios tales como: **a)** dos transiciones del tipo $T(q,x) = q_1$ y $T(q,x) = q_2$, siendo $q_1 \neq q_2$, es decir, no puede darse el caso en el que ingresado un mismo valor a un mismo estado existan transiciones diferentes a estados diferentes, ya que esto supondría para nuestro futuro autómata jurídico que la presentación de pruebas en un juicio trajera como resultado tanto el desahogo de las mismas como la tramitación de un incidente, cosa que resulta absurda pues tales estados son provocados por promociones diferentes; y **b)** la existencia de transiciones del tipo $T(q, \mathcal{E})$, siendo $\mathcal{E}$ la cadena vacía, misma situación en la cual no se ingresen valores al autómata o que sea equivalente a un estado final del mismo; en otras palabras, la etapa procesal que no se logra determinar su estatus a causa de la inactividad procesal, por lo que se desecha el juicio, a no ser que se trate de un estado final, ya que no tendría sentido el ingresarse nuevos valores (*Kelley, 1995, págs. 53 a 61*).

En complementación con lo anterior, igualmente es necesario definir, informalmente en este caso, las tablas y diagramas de transición de estados, pues con base en estos es que se determinará en dependencia del valor ingresado si existirá o no transición, y a qué estado se transita específicamente, siendo el diagrama de transición una representación gráfica de dicho ingreso y transición de estados.

Por ende, un simple modelo de ingreso de valores y transición de estados con base en estos se podría diagramar de la siguiente forma:

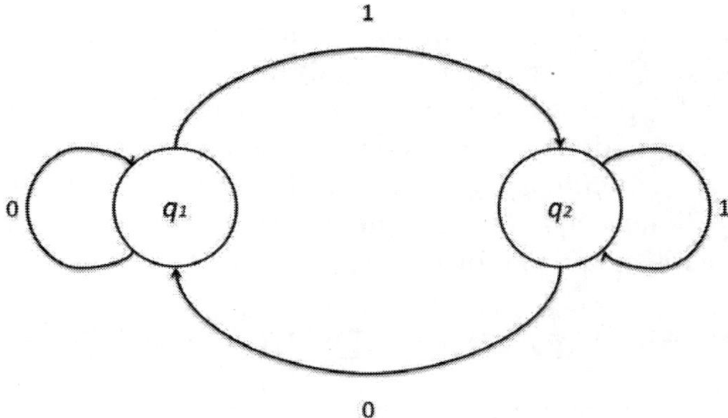

Dada la figura que precede, comprenderemos que el estado q_1 es el estado inicial, es decir, donde comienza a leer el autómata, siendo el *0* un primer valor de ingreso, dando como resultado una permanencia en el estado. En tanto que al ingresar el valor *1*, existe una transición hacia el estado q_2. Mismo escenario se puede apreciar cuando se está en el estado q_2 al ingresar el valor *1* o el valor *0*, se permanece en el estado o se transita hacia el estado q_1, respectivamente.

Lo anterior está determinado por una tabla de transición, misma que es construida en dependencia de la necesidad de transición de estados que se desee al momento de crear el autómata. En esta se diseña una matriz a través de la cual se crea una relación entre el estado actual, el valor de ingreso o variable que excita la transición, y el estado transitado. Una muestra de esto, siguiendo con el ejemplo anterior, se plasma a continuación:

Estado actual	Variable de excitación	Estado transitado
q_1	0	q_1
q_1	1	q_2
q_2	1	q_2
q_2	0	q_1

De este modo, con base en las precedentes conceptualizaciones y definido formalmente un autómata finito determinista, podremos entonces plasmar un ejemplo de un autómata de este tipo para comprender cabalmente las utilidades y futuras aplicaciones de los mismos en los procesos jurídicos. Un prototipo posible de autómata finito determinista, para brindar como ejemplo, podría ser una máquina encargada de registrar a los alumnos de derecho en los Cursos de Ética necesarios como requisito para su titulación.

Para este modelo nuestra quíntupla de elementos será: **1)** un conjunto de estados finitos *Q*, en este caso: q_0 y q_1; **2)** un alfabeto Σ, sea $\Sigma = \{0, 1\}$; **3)** un estado inicial q_0 perteneciente al conjunto de estados *Q*; **4)** una función de transición *T*, que debe cumplir con la condición antes mencionada: $T(q,x)=q_0$ y $T(q,x)=q_1$, siendo $q_0 \neq q_1$; y **5)** el conjunto de estado finales *F*, pertenecientes a *Q*. En tanto que la tabla que determinara las transiciones entre estados está establecida de la forma siguiente:

Estado actual	Variable de excitación	Estado transitado
q_0	0	q_0
q_0	1	q_1
q_1	0	q_1
q_1	1	q_0

Sustentándonos en lo que antecede podemos entonces describir las funciones básicas que realizará el autómata, siendo la primera de ellas la lectura del número de cuenta que deben ingresar los estudiantes a la máquina para determinar si este es válido o no, considerándose los parámetros de validez únicamente basados en si le fue asignado por la universidad un número de cuenta. Una vez ejecutado lo anterior y determinado que el número de cuenta es válido, se transitará hacia el siguiente estado en el cual se señalará que conferencia de ética es a la que desea participar, pudiendo ser estas existentes o no existentes. En el caso en que se ingrese una conferencia existente, la maquina realizara el registro y emitirá comprobante de registro correspondiente, pasando así al estado inicial para que otro estudiante pueda realizar el proceso. Esta estructura es posible de diagramar de la siguiente forma:

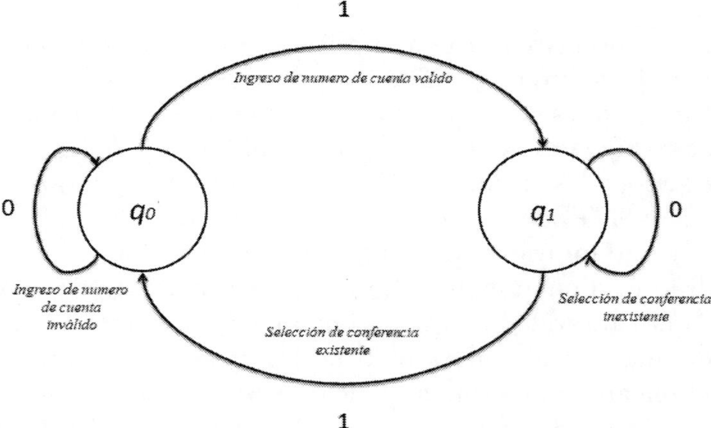

Por consiguiente, de conformidad con la gramática formal aplicable a este autómata, las cadenas validas del autómata antes descrito serian w = {*11,011,0101,101*}, pues las otras variantes no satisfacen el mismo hasta el estado final.

En suma, con base en lo descrito en este epígrafe se demuestra que a partir de esta teoría se puede construir diversos modelos de verificación para la creación de programas de cómputo destinados principalmente a sistemas de comunicación o de intercambio de información. Por lo que, fundado en lo previamente descrito, se brinda la cabida para poder ofrecer una idea de posibilidad de formalización computacional del desahogo de los diversos procesos jurídicos, más aún del arbitraje, dígase desde sus procedimientos internos o etapas procesales, como del desahogo del proceso jurídico en su totalidad.

§ 6. CONSTRUCCIÓN DE UN AUTÓMATA PARA EL DESAHOGO DE UNA SITUACIÓN JURÍDICA EN PARTICULAR

Llegado a este punto e hilando todas las ideas planteadas en los epígrafes anteriores de este y habiendo sido posible el definir y describir todos los elementos para la construcción de nuestros autómatas, y lograda una posible modelación de estos; nos daremos a la tarea entonces de construir un modelo de autómata jurídico simple, para demostrar la vialidad del mismo en la solución a controversias jurídicas en lo particular, demostrándose así la factibilidad de los mismos en la realidad. Para tal fin presentaremos un caso hipotético con base en el cual podremos modelar el autómata referido, desahogándose mediante este un proceso de queja nacido de la informidad por incumplimiento de un servicio de entrega nacido a través de un aplicativo móvil.

Utilizando como marco las teorías clásicas que poseen en común los diversos sistemas jurídicos continentales o romanistas, podemos realizar un grupo de afirmaciones con respecto al contenido de este que pueden ser corroboradas: **1)** que los individuos tienen la libertad de obligarse a lo que sea de su agrado, y las mismas serán válidas siempre y cuando no existan inobservancias a la ley del lugar o se afecte el interés público; **2)** que nacida de esta libertad individual de obligarse a determinados actos, se deriva que los individuos tienen el derecho de solicitar al sujeto denotado para estos fines como autoridad de que dirima un conflicto respecto a la interpretación de una cuestión en particular, nacida de esta de la mencionada libertad de obligarse a determinados actos; y **3)** que, de conformidad con el principio de legalidad y demás analizados, toda decisión jurídica que emane de sujeto alguno que se ostente materialmente como autoridad, debe ser acorde a lo prescrito en las normas, siendo para el caso de los medios alternativos de solución de controversias las delimitadas para los fines precisados por los sujetos adscritos a la controversia.

Basado en lo anterior, planteamos el hipotético caso en el cual a través de un aplicativo móvil se ordenan algunos platillos de comida, mismos que transcurrido el tiempo que muestra la aplicación para hacer la entrega, se estará en los siguientes posibles escenarios: **1)** llego en mal estado el alimento, **2)** no fue lo que se ordenó originalmente, o **3)** simplemente no llega la orden solicitada. Como consecuencia de esto el usuario levanta una queja dentro de la aplicación móvil, en donde expresa brevemente lo sucedido y, a su vez, adjunta a la misma la orden de compra y el comprobante de pago de la misma. Para estos fines, el departamento jurídico de la empresa que administra la aplicación móvil posee un grupo de personas destinadas al análisis de las quejas expuestas por los usuarios de dicha aplicación, mismos que para fines prácticos en este ejemplo denominaremos árbitros.

Cabe destacar, a modo de breve pausa, que en muchos países existen procedimientos para el ejercicio de los derechos de los consumidores, mismos que abarcan desde la mediación/conciliación hasta el arbitraje. Algunos ejemplos de estos seria México con la Procuraduría de Defensa del Consumidor, el Reino de España con la Agencia Española de Consumo, la Argentina con la Dirección General de Defensa y Protección al Consumidor, entre otras.

Ahora bien, para el desahogo del asunto que precede sería necesario entonces la definición formal del correspondiente autómata jurídico. La quíntupla se compone por consiguiente del conjunto de estados finitos Q, en este caso $Q = \{q_{0,}\ q_{1,}\ \ldots\ q_5\}$. El alfabeto $\Sigma = \{0,\ 1,\ 2\}$. Un estado inicial q_0 perteneciente al conjunto de estados Q. La función de transición T, que debe cumplir con las condiciones anteriormente descritas. Por último, el conjunto de estados finales F que pertenece a Q, sea $F = \{q_{1,}\ q_5\}$.

Cada uno de los estados del autómata responde a una etapa dentro del proceso o fase del mismo, y cada valor ingresado dentro de este, entendiéndose por valores los actos procesales realizados por las partes o la autoridad, que consienten en el avance del proceso, representa las variables de excitación que permite el desarrollo del mismo, estableciéndose las transiciones de la siguiente manera:

Estado actual	Variable de excitación	Estado transitado
q_0	0	q_0
q_0	1	q_1
q_0	2	q_2
q_2	0	q_5
q_2	1	q_3
q_3	0	q_5
q_3	1	q_4
q_4	1	q_5

Esto nos lleva a que las transiciones validas sean definidas a través de la función de transición de la siguiente manera:

1. $T\,(q_0, 0) = q_0$
2. $T\,(q_0, 1) = q_1$
3. $T\,(q_0, 2) = q_2$
4. $T\,(q_2, 0) = q_5$
5. $T\,(q_2, 1) = q_3$

1. $T\,(q_3, 0) = q_5$
2. $T\,(q_3, 1) = q_4$
3. $T\,(q_4, 1) = q_5$

Aunado a esto y para una mayor comprensión de la funcionalidad del autómata jurídico, resulta necesario describir entonces que representa cada uno de los estados de este autómata para el proceso jurídico en cuestión, de conformidad con:

q_0 Presentación de la queja (*en este caso digitalmente*) mediante la sección correspondiente, previamente designada esta para tales fines a través de los Términos y Condiciones de Uso del aplicativo móvil. Esta queja será admisible siempre y cuando se adjunte la orden de compra y el comprobante de pago de la misma.

Como posibilidad latente, el aplicativo móvil por razones de forma (*no se adjuntó orden de compra y/o comprobante de pago*) o que la queja sea oscura, prevendrá a la parte para que subsane los defectos señalados por este y se prosiga el proceso de queja. En caso de que se exceda el termino para subsanar los errores mencionados, se desechara la queja planteada.

q_1 Es la notificación mediante correo electrónico, conocido este de antemano por estar anclado a la información del usuario, mediante el cual se hace del conocimiento de este que se desecha la queja, ya sea por incumplimiento de los requisitos (*adjuntar orden de compra y comprobante de pago*), la continuidad de oscuridad en la queja (*existen diversos algoritmos de comprensión de textos para estos fines*) o por la prescripción del término señalado para desahogar la prevención.

q_2 Admitida la queja, el árbitro procederá a notificar a la empresa elaboradora de los alimentos y al repartidor de los mismos, conjuntamente, para que estos en un tiempo razonable (*en este caso no mayor a 3 días naturales*) brinden pruebas suficientes que los exima del incumplimiento. Esta notificación se realizará vía internet al correo electrónico que esta adjunto a su información de usuario como empresa elaboradora de alimentos y repartidor, respectivamente.

Las pruebas referidas como eximentes de incumplimiento para este caso consiste en un reporte en cual se adjunte, para el caso de la empresa elaboradora de alimentos, orden de compra y comprobante de entrega al repartidor de los alimentos (*en este se determinara que están en buen estado y cotejados con aquellos que fueron solicitados por el usuario*), en tanto que para el caso del repartidor consistirá en orden de compra y comprobante de entrega al usuario (*señalándose que al momento de la entrega están en buen estado y que son los elementos solicitados por el usuario*).

Dado el caso en el cual no se brinden los reportes con el contenido señalado en el término prescrito, se procede directamente a la etapa resolutoria determinándose de plano el incumplimiento por parte de la empresa elaboradora de alimentos y/o el repartidor, ya sea que alguno o ambos no hayan enviado sus respectivos reportes.

q_3 Una vez entregados los reportes, a través del aplicativo móvil se valorará los mismos y se procederá a determinar si estos son satisfactorios o no (*para la determinación de satisfacción de los reportes no realiza un análisis exhaustivo, sino que simplemente el algoritmo corroborará que estén anexados: la orden de compra y los respectivo comprobantes*), siendo causa en primer caso la continuidad del proceso a audiencia y el segundo el tránsito a etapa resolutiva determinándose de plano el incumplimiento por parte de la empresa elaboradora de alimentos y/o el repartidor, ya sea que alguno o ambos hayan enviado reportes insatisfactorios.

q_4 En la audiencia se evaluarán, tanto los documentos del usuario (*orden de compra y comprobante de pago*), los proveídos por la empresa elaboradora de alimentos (*orden de compra y comprobante de entrega al repartidor*), como los ofrecidos por el repartidor (*orden de compra y comprobante de entrega al usuario*). El árbitro en dicha audiencia, en la cual deberán estar presentes todos los interesados, cotejará la documentación y con base en esta decidirá en un término no mayor a 24 horas si condena o no, de acuerdo con la información proporcionada.

q_5 Transcurrido el termino antes señalado, en esta etapa resolutoria, el árbitro determinara si los hechos vertidos en la queja son ciertos y con base en esto determinara a favor de la empresa y/o el repartidor o condenar a uno o ambos de estos, misma condena que puede consistir en su caso en otorgamiento de crédito a favor del usuario o la separación/suspensión temporal del repartidor y/o empresa elaboradora de alimentos de los servicios ofrecidos a través del aplicativo móvil.

La estructura procesal anteriormente descrita puede modelarse por medio de un diagrama de estados del autómata jurídico, como a continuación se plasma:

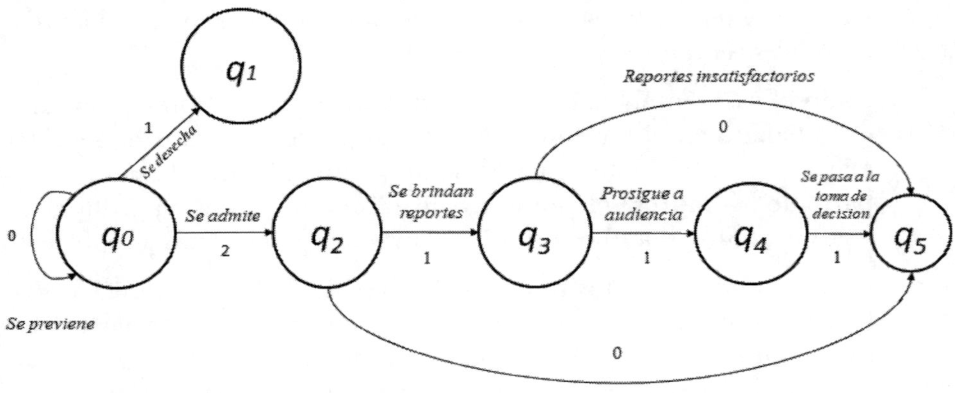

Sustentándonos en lo que antecede podemos entonces describir el desahogo de la queja, a través del cual se dirime la controversia sobre el incumplimiento de una obligación de servicio de entrega de comida. Esto ya que, replicando las actitudes de las partes integrantes del proceso, es factible analizar las ramificaciones posibles del curso procesal del procedimiento. Aunque resulta lógico que en otro tipo de procedimientos estas posibles actitudes de las partes y sus consecuentes ramificaciones superan en la realidad las ramificaciones aquí descritas, ya que la intención de este epígrafe consiste en hacer visible la posibilidad de replicar el desahogo de procedimientos por medio de un modelo de autómata jurídico, con apoyo en otros de diversos algoritmos aplicables.

Igualmente cabe destacar que las limitaciones anteriormente señaladas no representan una atadura de manos sobre la toma de decisiones de la autoridad, sino más bien una guía de apoyo para el efectivo cumplimiento por parte de esta y, a su vez, una herramienta de soporte para las partes que buscan la mejor estrategia, dado el escenario ideal en el cual exista constante apego a la norma por parte de las autoridades en la toma de decisiones.

En suma y concordancia con la gramática formal aplicable a este tipo de autómatas, las cadenas validas o el cúmulo de valores ingresados que permiten el desahogo completo y valido del proceso antes descrito, serian *w* = {*01,1,020,20,0210,210,02111,2111*}, siendo entendida las demás cadenas como maneras de desahogar inamisibles dentro de este tipo de procesos, pues no concluyen satisfactoriamente en estados finales de dicho autómata jurídico.

Hasta aquí nos da la medida de que resulta posible computar los procesos, ya que finalmente la parte relacionada con la ejecución de estos es similar a un algoritmo, pues estos procesos jurídicos son un cúmulo de instrucciones o reglas procedimentales, mismas que deben estar bien definidas para no ser ambiguas, replicándose inconscientemente en este caso el concepto de algoritmo.

Luego entonces, brindando solidez a nuestra demostración sobre la posibilidad de automatizar el desahogo de varios tipos de procesos, tenemos que para que exista coherencia y sea posible automatizar estos diversos procesos jurídicos, resulta necesario que el conjunto de operaciones a realizarse esté ordenado de manera lógica y sistemática, pues solo de esta forma se podrá llegar a encontrar una solución coherente a la problemática jurídica planteada por las partes en la controversia. Una vez logrado esto, como ya se hizo evidente, podremos traducir cada una de las etapas procesales, o fases de estas, en estados del autómata y solo ingresando el lenguaje con valores correcto podremos saber si los pasos procedimentales a implementarse por los sujetos en la controversia son correctos y si el proceso es congruente en su esencia.

Podemos concluir entonces que la existencia de esta relación vinculativa entre el desahogo de procesos jurídicos y las ideas algorítmicas, específicamente los autómatas finitos deterministas, resulta que muchos de los desahogos procedimentales posean la cualidad de invariables, en ambos escenarios, como se ha demostrado, brinda por consiguiente la causalidad de crear modelos de desahogo automático de controversias, lográndose por medio de estos que se puede analizar cómo será el desarrollo de ciertos procedimientos, dotándose de una mayor certeza a los procesos jurídicos y evitando a largo plazo muchos de los males de los que estos sufren.

Capítulo III

Demostración práctica de un modelo computacional de solución de controversias

Hasta este punto, en el desarrollo de esta obra, hemos realizado un análisis exhaustivo sobre los diversos tópicos que integran los procesos jurídicos, los modelos computaciones y la posible vinculación que puede crearse entre estas teorías, pues la intención con esto va encaminada a la creación de un modelo computacional algo *sui generis* para el desahogo de procesos jurídicos, estableciéndose de esta manera la posibilidad de resolución de una controversia sin la necesidad de que converjan todos los problemas mencionados con la administración de justicia en esta obra.

En consecuencia, para el cometido del propósito previamente descrito como objeto de estudio, debemos entonces llevar a cabo el desarrollo práctico del desahogo de una simple situación de controversia jurídica entre un usuario y un proveedor, esto mediante el esparcimiento del proceso jurídico utilizando como guía procesal el Reglamento de Arbitraje de la Cámara de Comercio Internacional (*RA CCI*), no determinándose con esto que sea dicha institución y sus correspondientes árbitros quienes deliberen sobre el asunto, y precisándose con claridad que no es un proceso arbitral a modelar, sino más bien es el utilizar referencias de dicho reglamento como auxiliar en la modelación de procesos.

Lo anterior ya que, cabe recordar, con base en lo mencionado hasta este momento sobre el arbitraje, que el mismo puede ser caracterizado como *ad hoc* o institucionalizado. En consecuencia, para el objeto del presente estudio, seguiremos la justificación de validez de la figura *ad hoc* con los puntos aplicables aquí al comercio electrónico, basándonos en la idea de que el mismo es desahogado por un deliberador seleccionado de un conjunto de especialistas en materia de comercio electrónico o afines, no estando adscrita en momento alguno su función como autoridad a ningún organismo en particular, sino estando anclada su fuerza decisoria en los principios de establecimiento consistentes en la *auctoritas* y la *potestas* que existían en Roma. Con estas dos virtudes se pretende destacar el discernimiento individual basado en determinadas cualidades morales e intelectuales que poseen los sujetos y, en paralelo, el ímpetu que deriva de la legitimidad delegada por la ciudadanía en favor de un individuo o institución, respectivamente (*Castaño, 2012, págs. 41 a 44*), no siendo necesaria la intervención de deliberadores certificados por autoridad nacional o internacional alguna, sino el simple reconocimiento comunitario de que se posee conocimiento y demás cualidades suficientes para dirimir la controversia.

Como ultima salvedad, antes de proseguir, en el caso hipotético planteado en lo que antecede, mencionamos que la empresa que administraba el aplicativo móvil poseía un grupo de personas dedicadas al análisis de las quejas presentadas por usuarios, a los cuales denominamos para fines prácticos como árbitros. Para el caso de estudio que plantearemos a continuación, esta dinámica será necesaria cambiarla, lo anterior debido a dos razones: la primera de ellas sería por un incumplimiento a los principios de igualdad e imparcialidad; e igualmente es una violación terrible a la autonomía de la voluntad de las partes integrantes de la controversia, pues son ellos quienes deciden en conjunto quien será el deliberador del asunto o si se acogen voluntariamente a la regla que determinará el mismo en cuestión.

Por todos estos motivos, como anexo a la cláusula o convenio arbitral que celebren las partes se delimitara: la aceptación de designación de árbitro, denominado así para propósitos prácticos en este ejemplo de modelación, por proceso aleatorio secreto, necesitando este como requisito conocer el idioma que se determine para el arbitraje y poseyendo nacionalidad diversa a la de las partes; las costas del proceso, mismas que desde un inicio se establecerá que será el equivalente a *$1.00 USD* y será pagada desde un inicio por las partes, representando esta cantidad el honorario total del árbitro; la determinación del idioma que se utilizará en el proceso; el derecho aplicable en el mismo (*para este caso las reglas establecidas por las partes y utilizando como auxiliar en la modelación el RA CCI*); y la admisión de medidas cautelares, siendo la única posible para este tipo de escenarios la suspensión provisional del proveedor de la plataforma digital.

Al mismo tiempo, para este tipo de casos no son aplicables escenarios y figuras tales como: la junta preliminar, las post-audiencias, la audiencia previa y de conciliación, la mediación temprana, el arbitraje en rebeldía y las pruebas supervenientes. Esto ya que la intención de modelar los procesos jurídicos consiste primordialmente en hacer más eficiente el desahogo procesal, resultado en un obstáculo o demora estos escenarios o figuras.

Igualmente, en materia probatoria solo serán admisibles las pruebas documentales, confesionales y testimoniales, pues el resto de los medios de pruebas no resultan útiles debido a la complejidad de las mismas en su desahogo; rigiéndose en todo momento como regla general probatoria la máxima *onus probandi actori incumbit,* entendiéndose por esto, el que afirma está obligado a probar, correspondientemente el actor su acción y sus excepciones el demandado.

A su vez, resulta comprensible la idea de que, dado que es un proceso jurídico con las características que hemos mencionado, del mismo puedan ser modificadas las reglas procedimentales a voluntad para el desahogo de un nuevo proceso, pues con esto no se descarta la línea procesal principal, es decir, el desahogo procesal en esencia no estará afectado porque las partes integrantes del proceso a modelar no modificaran sustancialmente el mismo, pues estos cambios no están relacionados con bases o presupuestos procesales alguno, por lo que no interfieren en la validez de los procesos jurídicos, ni desvían o destruyen el fin teleológico natural que poseen los mismos, incluso sin estar la autonomía de la voluntad de las partes afectada con relación a estos hechos y pudiéndose utilizar múltiples veces la modelación para futuras controversias.

De cualquier modo, el objeto consiste en delimitar entonces, con base en la formalización de elementos única y propiamente útiles del reglamento (*RA CCI*), el desahogo de la conducción casuística que debe seguir el acontecimiento que desembocó en la controversia jurídica en cuestión, mismo que se plantea debido a que es una problemática en los servicios de entrega (*alimentos, paquetería, etc.*), por citar un ejemplo, para lo que nos será necesario una compresión general de los diversos escenarios existentes, además de una breve descripción de un caso real en lo particular.

Ahora bien, resulta recurrente el escenario en el cual, debido a la muy apresurada innovación de servicios digitales, la no comprensión de factores reales de mercado y/o el aumento en la demanda por parte de los clientes, nazcan fallas técnicas o existan problemas de logística en la forma organizacional del servicio. Tales situaciones que finalmente se materializan en incompletitud de los servicios que se ofrecen. De esto pudiéramos mencionar como ejemplo en las empresas de *delivery* en lo general los problemas de distribución de última milla, los subsecuentes errores en los levantamientos de pedidos, los reportes de *bugs* nunca resueltos, entre muchas otras. Lo que inevitablemente conlleva la existencia de controversias entre usuario y proveedor, pues el servicio no es ofrecido satisfactoriamente. Por lo que, consecuentemente existen reiteradas situaciones a través de las cuales nace inconformidad por parte del usuario del servicio. Limitándose esta manifestación de inconformidad debido a la poca comunicación entre integrantes de la relación comercial, pues los sistemas de clasificaciones o *ratings* resultan insatisfactorios cuando los servicios de entregas superan determinadas cantidades.

Por tal motivo, con la intención de mostrar los beneficios del modelo a desarrollar, utilizaremos entonces referencia de mezcolanza a distintos problemas señalados en diversos casos reales sucedidos en Colombia a través del uso de la plataforma digital *Rappi*, en el cual se suscitaron inconformidades debido a que al hacer el mercado de la semana a través de la *app* se recibió la carne menos jugosa de lo señalado y los aguacates no llegaron tan maduros como se requirieron, por lo que el servicio posee criterios diferentes respecto a la exactitud entre lo solicitado y lo recibido (*Miranda, Boris, British Broadcasting Company Mundo, Rappi, el "Amazon de Colombia" que se convirtió en el emprendimiento más exitoso del país, 26 de octubre del 2018, Colombia*)

Consecuentemente debemos entonces fijar el objeto de litis a deliberar, el modelo computacional en específico mediante el cual se desahogará la controversia, así como la vinculación entre uno y otro, con todos y cada uno de los requerimientos lógico computacionales y los jurídicos procesales que intervengan en el prototipo a desarrollar. De esta forma podremos más concretamente expresar la forma mediante la cual se puede formalizar un proceso mediante una máquina de estados y la utilidad que tal idea provee al derecho procesal, más aún, al derecho en lo general.

§ 7. FORMALIZACIÓN Y EJECUCIÓN DEL AUTÓMATA JURÍDICO ARBITRAL

Una vez llegados aquí y siendo más evidentes aun los problemas relacionados con las relaciones sociales y comerciales entre individuos y la dificultad que representa tanto el desahogo de estas problemáticas como su propia solución de forma expedita, es que resulta útil la formalización de procesos jurídicos a través de los modelos computacionales para el desahogo y final solución de estas controversias intersubjetivas.

Por consiguiente, para el desarrollo del autómata en cuestión, debemos profundizar en los mecanismos procesales que serán utilizados para el desahogo de la controversia suscitada. Estos consisten inicialmente en la delimitación de qùe tipo de proceso es el aplicable al asunto, para luego delimitar cada una de las etapas procesales mediante las cuales se sustanciara el proceso en cuestión, para así comprender cabalmente que se desea formalizar computacionalmente. Por tal motivo, debemos iniciar con delimitar que solo serán utilizados aquellos procesos no jurisdiccionales, heterocompositivos y de oportunidad; siendo una consecuencia de esto entonces que las etapas procesales a desahogarse sean postulatoria, probatoria, de alegatos y resolutiva.

Ahora bien, en concordancia con lo señalado en este estudio, utilizaremos solo parcial y únicamente con valor auxiliar, en nuestro proceso jurídico *ad hoc*, las pautas prescritas en el Reglamento de Arbitraje de la Cámara de Comercio Internacional. Esto ya que, en correspondencia con la idea plasmada previamente, se deben desahogar el proceso con la libertad de las partes y sin sujeción de norma o autoridad alguna.

Esto nos conduce a que sea necesario analizar el desahogo de cada una de las etapas procesales integrantes de los procesos jurídicos antes mencionados. Para tal propósito se definirá cada una de las etapas o fases procesales, mismas que se traducirán en los estados integrantes del autómata jurídico. Esto con la intención de que sea comprensible la función de cada fase o etapa procesal a través de la cual se desahoga determinada situación relacionada con el proceso y además comprender cabalmente la vinculación que poseen con la formalización del autómata.

En consecuencia, tenemos entonces que para el desarrollo del proceso vinculado con lo que se ha descrito previamente será necesario entonces la definición formal del autómata jurídico arbitral en cuestión. La quíntupla se integra, como en la mayoría de los casos, por el conjunto de estados finitos Q, en este caso $Q = \{q_{0,}\ q_{1,}\ \ldots\ q_7\}$. El alfabeto $\Sigma = \{0,\ 1\}$. Un estado inicial q_0 perteneciente al conjunto de estados Q. La función de transición T, que debe cumplir en todo momento con las condiciones formales ya descritas en el *Epígrafe 5* de esta obra; y para finalizar la determinación del conjunto de estados finales F que pertenece a Q, sea $F = \{q_7\}$.

Tal y como ya hemos venido mencionando reiteradamente, cada uno de los estados del autómata representa una etapa o fase procesal, siendo todos los valores de ingreso con relación a las mismas los actos procesales realizados por cada una de las partes y que se materializan en el avance del proceso, lográndose así el desahogo del proceso en su totalidad, determinándose las transiciones con una relación directa a las variables de excitación utilizadas, tal y como se muestra a continuación:

Estado actual	Variable de excitación	Estado transitado
q_0	0	q_1
q_1	0	q_2
q_1	1	q_5
q_2	0	q_4
q_2	1	q_6
q_3	0	q_1
q_4	0	q_3
q_4	1	q_5
q_5	0	q_6
q_6	0	q_7

Lo anterior, muestra una guía relacional no formal entre el estado, la variable de excitación y el estado a donde se transitó, pero esto no desde una perspectiva formal, pues las transiciones solo serán considerada formalmente validas si cumplen con la forma descrita por la función de transición, misma que se describe como $T(q_{,0}) = q$, siendo en este caso particular de la siguiente manera:

1. $T\,(q_0, 0) = q_1$
2. $T\,(q_1, 0) = q_2$
3. $T\,(q_1, 1) = q_5$
4. $T\,(q_2, 0) = q_4$
5. $T\,(q_2, 1) = q_6$
6. $T\,(q_3, 0) = q_1$
7. $T\,(q_4, 0) = q_3$
8. $T\,(q_4, 1) = q_5$
9. $T\,(q_5, 0) = q_6$
10. $T\,(q_6, 0) = q_7$

Al mismo tiempo, para una mejor comprensión de que representa cada estado y su vinculación procesal con el siguiente estado, se hace necesario delinear que encarna cada uno de los estados de este autómata jurídico, por lo que para este propósito se detallan los mismos a continuación:

q_0 Presentación de la solicitud de sujeción a proceso, en este caso a través de una plataforma o cualquier otro medio digital dispuesto para tales fines, solo siendo necesario cumplirse como requisito en este rubro que se encuentre previamente designado este medio para tales fines en un acuerdo inicial, usualmente en los Términos y Condiciones del servicio a proveer.

En este caso no existirá prevención pues los requisitos de forma consisten únicamente en adjuntar las comprobantes de la operación realizada, que al ser pruebas se pueden presentar hasta la audiencia, y la conformación estructural de la queja la cual es un escrito algo licencioso señalando únicamente los requisitos usuales para tales fines (*v.gr. artículo 4.3 a, b, c, d RA CCI*), siendo posible de subsanar posteriormente, pues finalmente se conjunta de manera formal en el Acta de Sujeción a proceso.

Entregada la solicitud de sujeción y pagado el gasto del mismo por el promovente (*v.gr. artículo 4.4 RA CCI*), se considerada comenzado el proceso en cuestión (*v.gr. artículo 4.2 RA CCI*).

q_1 Una vez presentada por la promovente su queja y realizado el pago correspondiente, se seleccionará por automatismo y aleatoriamente un árbitro del conjunto de miembros provistos para tales fines, siempre tomándose en cuenta como requisitos indispensables que el mismo no posea la misma nacionalidad de alguna de las partes y que domine la lengua en la cual sea desarrollado el proceso (*para los efectos de estos procesos siempre será el idioma oficial del lugar donde se prestó el servicio*).

Seleccionado el árbitro mediante el proceso antes descrito, el mismo deberá firmar, en un plazo no mayor a 24 horas, la correspondiente declaración de aceptación a proceso a través de la cual se compromete a conducirse de forma honesta, imparcial e independiente en todo momento procesal (*v.gr. artículo 11.2 RA CCI*) y, a su vez, acepta desempeñar el papel del deliberador hasta el final del proceso (*v.gr. artículo 11.5 RA CCI*).

Esta declaración voluntaria resulta de gran importancia debido a que, como consecuencia de la naturaleza contractual de estos procesos jurídicos o mecanismos alternativos de solución de controversias y al ser los deliberadores jueces privados para casos en particular, estos también necesitan comprometerse a su involucración en el proceso bajo determinadas obligaciones (*González de Cossío, 2014, págs. 520 a 521*). Existiendo responsabilidad por parte del árbitro solo cuando este no delibere con base al derecho señalado como aplicable en el Acta de Sujeción.

q_2 Inmediatamente posterior a la firma de la mencionada declaración por parte del deliberador, se le notificará a la contraparte mediante correo electrónico o cualquier otro medio que se haya dispuesto previamente para tales fines en su información de contacto dentro de la plataforma o aplicativo móvil.

Esta fase procesal, perteneciente a la etapa postulatoria, posee una importancia primordial dentro del proceso, esto debido a que la notificación sobre la existencia de involucración en un proceso representa uno de los elementos del debido proceso. Por tal motivo y con el propósito de mayor efectividad, resultará necesario establecer dentro de los Términos y Condiciones o el mecanismo que configure formalmente la prestación del servicio de plataforma o aplicativo móvil, que la información de contacto que se declare en el perfil de usuario o proveedor, será tomada como única válida para los efectos de las posibles comunicaciones procesales, para este caso en específico, en el emplazamiento.

Ante este escenario de emplazamiento al proceso, la parte demandada en la queja tendrá como alternativas: la contestación de la queja existente en su contra, así como la rebeldía ante la misma. En el primer caso se proseguirá con el proceso con normalidad y en el segundo se transitará inmediatamente a la audiencia, con el objeto de que se desfoguen las pruebas y argumentos finales.

q_3 Notificada correctamente la contraparte y existiendo la voluntad de esta en contestar a la queja, el demandado tendrá un plazo no mayor a 24 horas para realizar tal contestación y así poder proseguir con el siguiente tránsito a la firma del Acta de Sujeción entre las partes y el deliberador.

q_4 Cabe destacar que como uno de los derechos que poseen las partes en el proceso se encuentra la posibilidad de recusar al sujeto que va a deliberar por motivos comprobables de duda sobre su independencia o circunstancia razonables sobre su parcialidad (*v.gr. artículo 14.1 RA CCI*) o en su defecto porque el deliberador en esta fase procesal posee la posibilidad de excusarse por motivos de igual naturaleza (*v.gr. artículo 11.2 RA CCI*). Dada la materialización de alguno de estos escenarios no se confirmará la selección del deliberador inicial y se realizará de manera similar a la anterior la selección del nuevo deliberador, reanudándose el proceso en el estado q_1 con la firma de la declaración de aceptación por parte del nuevo deliberador. Transitándose luego de esto al estado q_5 para la firma del Acta de Sujeción.

Igual suerte se seguirá cuando exista sustitución, ya sea que se esté en cualquiera de las etapas o fases del proceso, debido al lamentable caso de fallecimiento del deliberador durante el proceso (*v.gr. artículo 15.1 RA CCI*)

q_5 Afianzado el deliberador y habiendo contestado la contraparte a la queja, se proseguirá con la firma del Acta de Sujeción, en la cual se delimitarán las pretensiones y se fijara la litis del proceso en cuestión, debiendo incluirse en este documento, el cual firmarán las partes y el deliberador, la información de contacto de la partes y el deliberador, la delimitación de las pretensiones y consecuentemente de la litis, el establecimiento del idioma, la norma aplicable (*clausula o acuerdo arbitral*) y supletoriedad (*legislación nacional*). Inminentemente después de firmada el Acta de Sujeción, se fijará fecha y hora para la audiencia.

q_6 Llegado el momento de la audiencia, las partes tendrán la posibilidad de desahogar todas aquellas pruebas mencionadas previamente en su escrito inicial o de contestación, más aquellas aplicables que consideren prudente presentar y desahogar, siendo los únicos medios de prueba posibles: la documental (*pública y privada*), la testimonial y la confesional.

La audiencia tendrá una duración continua y solo se puede diferir por causas de fuerza mayor. La citación de testigos tiene que ser solicitada por las partes desde el escrito inicial o contestación de demanda, respectivamente, o a más tardar en el momento de firma del Acta de Sujeción, quedando sujeta totalmente la responsabilidad de este hecho a la parte interesada.

q_7 Concluida la audiencia, se proseguirá a la etapa resolutiva. El deliberador en un plazo no mayor a 24 horas deberá resolver el asunto mediante la publicación a través de notificación electrónica a las partes de la resolución correspondiente, cumpliendo en todo momento con los requisitos legales de fundamentación y motivación, ajustándose en todo momento a los principios rectores de los procesos jurídicos.

Comprendido cada estado del autómata jurídico o, en su defecto, cada fase o etapa procesal del proceso jurídico modelado, podremos entonces para brindar una mayor facilidad en la comprensión, generar un diagrama de transición de estados, vinculado este a su vez con las variables de excitación que hacen posible dichas transiciones, esto tal y como se refleja a continuación:

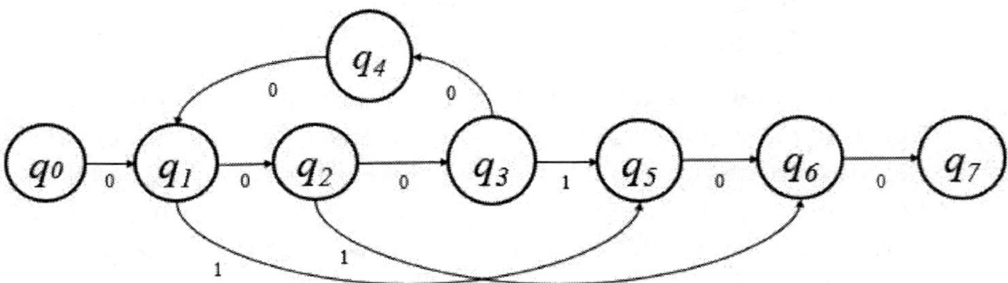

Por consiguiente ajustándose a la gramática formal previamente descrita para este tipo de autómatas, las cadenas aceptadas por el mismo o en su defecto el aglomerado de actos válidos que permiten el desahogo integro y coherente del proceso antes descrito, serían las $w = \{0010, 00000100, 00000010, 000100\}$, comprendidas todas aquellas cadenas de valores de ingreso no contenidas en el conjunto anterior como inadmisibles para el autómata, esto ya que no llegan al estado final, dígase, no finalizan cabalmente en el conjunto de estados finales de este autómata, sea $F = \{q_7\}$.

Con todo hasta este punto descrito y formalizado mediante el modelo recurrido, tenemos entonces que podemos vincularlo con el hecho jurídico previamente referido de inconformidad de los usuarios de *Rappi* debido a la incompletitud del servicio provisto, donde la existencia de esta inconformidad estaba en total desamparo debido a la inexistencia de manera eficiente de resolver la misma, la cual finalmente desembocó en una controversia sin solución aparente, pues tal y como hemos mencionado el sistema de ratings o el de solución interna de quejas resulta insuficiente para el remedio de controversias.

Comenzando con el propósito anteriormente señalado, tenemos entonces que dada la inconformidad por el servicio provisto por *Rappi* a sus usuarios, estos podrán iniciar un proceso de solución de controversia de conformidad con lo descrito previamente en los Términos y Condiciones de Uso de la plataforma, siendo únicamente necesaria la presentación de la demanda con sus anexos y el subsecuente pago del proceso en cuestión. Ahora bien, luego de esto se seleccionará aleatoriamente un deliberador para el desahogo de la controversia, mismo que deberá firmar la mencionada declaración de aceptación, siendo una posibilidad latente que cualquiera de las partes solicite la recusación o que este se excuse. Firmada la declaración, se le notifica a la contraparte, en este caso a *Rappi*, para que en el término anteriormente señalado conteste la demanda. Aceptado el deliberador y existiendo voluntad de ambas partes de proseguir el proceso, todas ellas firmaran el Acta de Sujeción, para luego proceder a la audiencia en los términos y reglas descritas, y concluida esta audiencia se proseguirá a dictar la correspondiente resolución, dándose por concluido así el proceso de forma coherente y expedita.

El proceso aquí descrito resulta breve y algo simple, proceso sumario, en comparación con su contraposición procesal, los procesos plenarios, que poseen una ramificación algo más compleja y dilatada. Esto ya que, tal y como fue descrito en epígrafes anteriores, en el transcurso de los procesos plenarios se desahogan diversas audiencias, en tanto que en los procesos sumarios se conjunta todo en una sola audiencia, brindando una mayor factibilidad esto a la brevedad y eficiencia que tanto buscamos.

Lo que antecede, conduce inevitablemente a sopesar si el sujeto deliberador del proceso tuvo oportunidad suficiente de analizar todas las pruebas y escuchar todos los argumentos para tomar una decisión coherente con los hechos y el derecho alegado. Por tal motivo se ha planteado en innumerables ocasiones la posibilidad de existencia de un recurso procesal a través del cual pueda recurrirse las decisiones tomadas en los mecanismos alternativos de solución de controversias, ya sea que se modifique, se revoque o se invalide. Pero tanto en la doctrina como en la práctica esto se ha asumido en la generalidad como improcedente, justificada dicha posición en que son procesos unitarios en donde las partes al asumir este proceso prescinden conscientemente de toda apelación, entendiéndose así el principio de irrevocabilidad de los mecanismos alternativos de solución de controversias (*Fernández Roza, Sánchez Lorenzo, Stampa, 2015, págs. 343 a 346*)

Lo que precede, sin dejar de perder su importancia jurídica, para nuestro caso en particular resulta irrelevante, pues para quien se sienta inconforme con relación a la resolución emitida existen diversos mecanismos jurídicos relacionados con la judicatura, sin dejar esto de restar validez al proceso previamente desahogado con la rapidez y eficiencia con la cual se consagro. La posibilidad de solucionar diversos tipos de controversias mediante modelos que computan procesos jurídicos no debe estar limitado a la inconformidad de alguna de las partes con el resultado final del proceso, pues dicha conformidad siempre es una posibilidad latente, ya sea a través de los mecanismos alternativos de solución de controversias o de procesos seguidos ante la judicatura.

Esto nos conduce a declarar que el propósito final de esta obra no reside en el convencimiento de cambio a la alternancia judicial sino reside en brindar una mayor comprensión de la posibilidad de utilidad de los procesos de alternancia a la judicatura para la formalización computacional de procesos jurídicos y de los beneficios que esta conjugación brinda. Que se pueda formalizar y subsecuentemente automatizar un número considerable de los mecanismos de solución de controversias entre individuos en una sociedad, da cabida inicialmente a que los procesos de necesidad o similares, posean una mayor atención por parte de la judicatura y de esta forma ofrecer una solución viable a la problemática de insuficiencia administrativa en la administración de justicia por parte de las judicaturas nacionales y/o locales, tal y como se analizó en su momento en este ensayo.

Por tal motivo, el desarrollo particular de los diversos modelos computacionales de solución de controversias puede ofrecer a cada situación individual una salida eficiente y valida a su problemática, no quedando en ningún momento insatisfecha la obligación publica de acceso a la justicia o semejantes. El avanzar sobre este camino de desarrollo e integración de las herramientas de la cuales disponemos en la actualidad para la solución de un problema real que nos afecta día a día a todos, es el inicio quizás de una nueva forma de entender el derecho, específicamente los diversos procesos jurisdiccionales y no jurisdiccionales creados para la solución de problemáticas consecuencia de la interacción individual en las sociedades.

El desarrollo de las nuevas tecnologías nos han conducido a nuevas formas de interacción y entre ellas eventualmente se encontrara la de solución de nuestras controversias, por lo que un paso de gran avance seria desde este presente comenzar con la implementación de modelos computacionales que busquen resolver controversias jurídicas suscitadas por las diversas interacciones interpartes como resultado de esta nuevas formas de interactuar, sin tener que recurrir en cada momento a autoridad alguna para buscar tales soluciones. Aunado a esto tendríamos entonces que cada plataforma digital poseería un modelo computacional de solución de controversias aplicables a su caso y de esta forma poder desarrollar más eficientemente su cometido. Siendo un avance inigualable para los individuos en la sociedad.

La idea de poder desahogar, ya sea como usuario de plataforma o como proveedor de la misma, situaciones de incompatibilidad entre estas partes integrantes de la relación, hace posible que el servicio se desarrolle más a los gustos y fines de los internautas que hacen uso de dicha plataforma o que proveen a la misma, e igualmente que la solución de controversias sobre las interacciones relacionadas con la plataforma digital en cuestión, no se convierta en un obstáculo para el desarrollo de esta rama de la industria.

En paralelo a lo anterior, hacemos mención que desde las más simples interacciones que puedan llegar a existir entre sujetos en un medio social, igualmente puede ser dirimidas dichas disputas mediante los modelos computacionales de solución de controversias, pues los principios son posibles de emigrar y crean un marco aplicable a estas. Estando únicamente limitando en la actualidad, tal y como ya mencionamos, para procesos de carácter necesario de intervención de la judicatura.

Por el momento esta modelación de procesos solo está destinada aquellos que posean las características antes descritas y además sean sumarios, dígase que todo se desahogue en una sola audiencia, en la cual se cumpla con todas las formalidades esenciales del procedimiento. La inmensa mayoría de los asuntos relacionados con el nuevo mundo del *e-commerce* están vinculados con relación individuales de carácter civil o mercantil (ya sea un vínculo arrendador/arrendataria, usuario/proveedor, prestamista/prestatario, etc.), lo que hace que en la búsqueda de consolidar la oportunidad que les brinda el derecho a estos sujetos, se auxilian de las leyes mismas que pueden ser utilizadas no bajo la tesitura de la judicatura sino a través de mecanismos alternativos como pueden ser estos procesos *ad hoc* analizados, el cual hace posible que se establezca el proceso como uno sumario, acelerándose de esta forma el desarrollo tecnológico/comercial que se está viviendo con gran auge en la actualidad.

Mas aun, no limitándonos a regímenes jurídicos nacionales, tendremos que la aplicabilidad internacionalidad con los autómatas jurídicos dependerá de la existencia de un marco normativo para aplicar, ya sea este desde un simple contrato certificado por algún medio (*notariado o similar*) o legislación. Los servicios digitales con asistencia internacional, dígase Amazon o eBay, puede desahogarse con base a contratos, específicamente los Términos y Condiciones de la *app* o página web.

La teoría de modelos computacionales de solución de controversias aquí propuesta, utilizando para mayor comprensión en su estudio los mecanismos alternativos de solución de controversias, no se limita a las estructuras aquí descritas únicamente, sino que sirven ampliamente para todos aquellos procesos creados como viables que buscan las solución pacífica entre partes, pudiendo modelarse casi todos, no desapareciendo esta última característica de libertad en la formalización procedimental, pues dado el caso en el cual exista la voluntad entre partes de modificar las fases o etapas procesales, solo se deberá modificar dentro de la formalización computacional los diversos estados y sus interacciones, ya se adicionando y/o sustrayendo estados dentro del autómata en cuestión y, a su vez, analizando la relación vinculativa que poseen cada uno de ellos, pudiendo construirse así un autómata jurídico *sui generis* para cada satisfacción particular de escenarios si así se desea.

Esto anterior con el objeto de brindar la posibilidad de que incluso las instituciones ya establecidas para el desahogo de procedimientos de defensa de consumidores, como las mencionadas en México, España y Argentina, posean la opción de crear nuevos modelos procedimentales a través de los cuales desahoguen nuevas controversias de similar o nueva naturaleza a las analizadas en la actualidad.

Mencionamos todo esto debido a que, si la experiencia no nos falla, el desarrollo tecnológico a través del tiempo ha hecho que el ser humano condicione su forma de vida, ya sea como consecuencia de la invención del reloj que modifico nuestro entendimiento del tiempo y la vinculación del mismo con nuestras actividades diarias; o como las plataformas de mensajería de datos en general, que condicionan nuestras nuevas formas de trabajo y comunicación en lo general.

Por tal motivo resulta evidente que, una vez asentada en la sociedad esta forma de solución de controversias en uso de los modelos computacionales para una mayor eficacia con los mismos, tendremos entonces como una de las múltiples ya mencionadas que las relaciones antagónicas características de los procesos jurídicos típicos irán disminuyendo gradualmente y por consiguiente dejara de existir la actual crisis de desahogo litigioso y se obtendrán mayores beneficios sociales y comerciales consecuencia de las soluciones expeditas a los conflictos emergidos de las interacciones mercantiles y civiles de los individuos en la sociedad.

Anexo

Reglamento de Arbitraje de la Cámara de Comercio Internacional

Vigente a partir el 1° de enero del 2021

Artículo 1.—La Corte Internacional de Arbitraje

La Corte Internacional de Arbitraje (la "Corte") de la Cámara de Comercio Internacional (la "CCI") es el centro de arbitraje adscrito a la CCI. Los estatutos de la Corte son los establecidos en el Apéndice I. Los miembros de la Corte son nombrados por el Consejo de la CCI. La función de la Corte consiste en proveer a la solución mediante arbitraje de las controversias de carácter internacional, surgidas en el ámbito de los negocios, de conformidad con el presente Reglamento de arbitraje de la CCI (el "Reglamento"). La Corte proveerá asimismo la solución mediante arbitraje, de conformidad con el Reglamento, de las controversias que no revistan un carácter internacional, surgidas en el ámbito de los negocios, cuando exista un acuerdo de arbitraje que así la faculte.

2. La Corte no resuelve por sí misma las controversias. Tiene la función de asegurar el cumplimiento del Reglamento. La Corte establece su propio Reglamento Interno (Apéndice II).

3. El Presidente de la Corte o, en ausencia del Presidente o a solicitud suya, uno de sus Vicepresidentes, tendrá la facultad de tomar decisiones urgentes en nombre de la Corte, las cuales serán comunicadas a la Corte en la siguiente sesión.

4. Conforme a lo dispuesto en su Reglamento Interno, la Corte podrá delegar, en uno o más comités integrados por sus miembros, la facultad de tomar ciertas decisiones las cuales serán comunicadas a la Corte en la siguiente sesión.

5. La Secretaría de la Corte (la "Secretaría"), bajo la dirección de su Secretario General (el "Secretario General"), tendrá su sede en la oficina principal de la CCI.

Artículo 2.—Definiciones

En el Reglamento la expresión:

(i) "Tribunal Arbitral" hace referencia a uno o más árbitros.

(ii) "Demandante" y "Demandada" hacen referencia a una o más demandantes o demandadas.

(iii) "Laudo" hace referencia, entre otros, a un laudo interlocutorio, parcial o final.

Artículo 3.—Notificaciones o comunicaciones escritas; plazos

1. Todos los memoriales y demás comunicaciones escritas presentados por cualquiera de las partes, así como todos los documentos anexos a ellos, deberán presentarse en tantas copias como partes haya, más una para cada árbitro y otra para la Secretaría. Deberá enviarse a la Secretaría copia de todas las comunicaciones dirigidas por el Tribunal Arbitral a las partes.

2. Todas las notificaciones o comunicaciones de la Secretaría y del Tribunal Arbitral deberán hacerse a la última dirección de la parte destinataria o de su representante según haya sido comunicada por ésta o por la otra parte. Dichas notificaciones o comunicaciones podrán efectuarse mediante entrega contra recibo, correo certificado, servicio de mensajería, telefacsímil, télex, telegrama o por cualquier otro medio de telecomunicación que provea prueba del envío.

3. Una notificación o comunicación se considerará efectuada el día en que haya sido recibida por la parte destinataria o por su representante, o en que debería haber sido recibida si se hubiere hecho de conformidad con el párrafo anterior.

4. Los plazos especificados en este Reglamento o fijados de conformidad con el mismo comenzarán a correr el día siguiente a aquél en que una comunicación o notificación se considere efectuada según lo dispuesto en el párrafo anterior. En el supuesto que dicho día fuere feriado o inhábil en el país donde la notificación o comunicación se considere efectuada, el plazo se computará a partir del primer día hábil siguiente. Los días feriados o inhábiles se incluyen en el cómputo de los plazos. En el supuesto que el último día del plazo coincida con un día feriado o inhábil en el país en que la notificación o comunicación se considere efectuada, el plazo vencerá al final del primer día hábil siguiente.

Artículo 4.—Demanda de arbitraje

1. La parte que desee recurrir al arbitraje conforme al presente Reglamento deberá dirigir su demanda de arbitraje (la "Demanda") a la Secre-

taría, la cual notificará a la Demandante y a la Demandada la recepción de la Demanda y la fecha de la misma.

2. Para todos los efectos, la fecha de recepción de la Demanda por la Secretaría será considerada como la fecha de inicio del proceso arbitral.

3. La Demanda deberá contener, en particular:

a) el nombre completo, calidad en que intervienen y dirección de cada una de las partes;

b) una descripción de la naturaleza y circunstancias de la controversia que ha dado origen a la Demanda;

c) una indicación de las pretensiones y, en la medida de lo posible, de los montos reclamados;

d) los convenios pertinentes y, particularmente, el acuerdo de arbitraje;

e) toda indicación pertinente con relación al número de árbitros y su selección de conformidad con lo dispuesto en los artículos 8, 9 y 10, así como la designación del árbitro que en ellos se requiera; y

f) cualesquiera comentarios con relación a la sede del arbitraje, las normas jurídicas aplicables y el idioma del arbitraje.

4. La Demandante deberá presentar su Demanda en tantas copias cuantas previstas en el artículo 3(1), y pagará el anticipo sobre gastos administrativos fijado en el Apéndice III ("Costos del arbitraje y honorarios") vigente en la fecha de inicio del proceso arbitral. Si la Demandante omite cumplir cualquiera de estos requisitos, la Secretaría podrá fijar un plazo para que la Demandante proceda al cumplimiento; en su defecto, al vencimiento del mismo, el expediente será archivado sin perjuicio del derecho de la Demandante a presentar en fecha ulterior las mismas pretensiones en una nueva Demanda.

5. La Secretaría, una vez recibido el número suficiente de copias de la Demanda y el anticipo requerido, enviará a la Demandada, para su contestación, una copia de la Demanda y de los documentos anexos a la misma.

6. Cuando una parte presente una Demanda relativa a una relación jurídica respecto de la cual ya existe un proceso arbitral regido por el Reglamento y pendiente entre las mismas partes, la Corte puede, a solicitud de cualquiera de ellas, acumular la Demanda al proceso arbitral pendiente, siempre y cuando el Acta de Misión no haya sido firmada o aprobada por

la Corte. Una vez el Acta de Misión haya sido firmada o aprobada por la Corte, la acumulación solo procederá de conformidad con lo dispuesto en el artículo 19.

Artículo 5.—Contestación a la Demanda; demanda reconvencional

1. Dentro de los 30 días siguientes a la recepción de la Demanda enviada por la Secretaría, la Demandada deberá presentar una contestación (la "Contestación") que deberá contener, en particular:

a) su nombre completo, calidad en que interviene y dirección;

b) sus comentarios sobre la naturaleza y circunstancias de la controversia origen de la Demanda;

c) su posición sobre las pretensiones de la Demandante;

d) cualesquiera comentarios con relación al número de árbitros y su elección a la luz de las propuestas formuladas por la Demandante y de conformidad con lo dispuesto en los artículos 8, 9 y 10, así como la designación de árbitro que en ellos se requiera; y

e) cualesquiera comentarios con relación a la sede del arbitraje, las normas jurídicas aplicables y el idioma del arbitraje.

2. La Secretaría podrá otorgar a la Demandada una prórroga del plazo para presentar la Contestación, siempre y cuando la solicitud de prórroga contenga los comentarios de la Demandada en relación con el número de árbitros y su elección y, cuando sea necesario según lo previsto en los artículos 8, 9 y 10, la designación de un árbitro. En su defecto, la Corte procederá de conformidad con lo previsto en el Reglamento.

3. La Contestación deberá ser presentada a la Secretaría en tantas copias cuantas previstas en el artículo 3(1).

4. Una copia de la Contestación y de los documentos anexos a la misma será enviada por la Secretaría a la Demandante.

5. Toda demanda reconvencional formulada por la Demandada deberá ser presentada con la Contestación y deberá contener:

a) una descripción de la naturaleza y circunstancias de la controversia origen de la demanda reconvencional; y

b) una indicación de las pretensiones y, en la medida de lo posible, de los montos reclamados.

6. Dentro de los 30 días siguientes a la recepción de la demanda reconvencional comunicada por la Secretaría, la Demandante deberá presentar una réplica. La Secretaría puede otorgar a la Demandante una prórroga de este plazo.

Artículo 6.—Efectos del acuerdo de arbitraje

1. Cuando las partes han acordado recurrir al arbitraje según el Reglamento, se someten, por ese solo hecho, al Reglamento vigente a la fecha de inicio del proceso arbitral a menos que hayan acordado someterse al Reglamento vigente a la fecha del acuerdo de arbitraje.

2. Si la Demandada no contesta a la Demanda según lo previsto en el artículo 5, o si alguna de las partes formula una o varias excepciones relativas a la existencia, validez o alcance del acuerdo de arbitraje, la Corte, si estuviere convencida, prima facie, de la posible existencia de un acuerdo de arbitraje de conformidad con el Reglamento, podrá decidir, sin perjuicio de la admisibilidad o el fundamento de dichas excepciones, que prosiga el arbitraje. En este caso, corresponderá al Tribunal Arbitral tomar toda decisión sobre su propia competencia. Si la Corte no estuviere convencida de dicha posible existencia, se notificará a las partes que el arbitraje no puede proseguir. En este caso, las partes conservan el derecho de solicitar una decisión de cualquier tribunal competente sobre si existe o no un acuerdo de arbitraje que las obligue.

3. Si alguna de las partes rehúsa o se abstiene de participar en el arbitraje o en cualquier etapa de éste, el arbitraje procederá no obstante dicha negativa o abstención.

4. Salvo estipulación en contrario y siempre y cuando haya admitido la validez del acuerdo de arbitraje, el Tribunal Arbitral no perderá su competencia por causa de pretendida nulidad o inexistencia del contrato. El Tribunal Arbitral conservará su competencia, aún en caso de inexistencia o nulidad del contrato, para determinar los respectivos derechos de las partes y pronunciarse sobre sus pretensiones y alegaciones.

Artículo 7.—Disposiciones generales

1. Todo árbitro debe ser y permanecer independiente de las partes en el arbitraje.

2. Antes de su nombramiento o confirmación, la persona propuesta como árbitro debe suscribir una declaración de independencia y dar a conocer por escrito a la Secretaría cualesquiera hechos o circunstancias susceptibles, desde el punto de vista de las partes, de poner en duda su

independencia. La Secretaría deberá comunicar por escrito dicha información a las partes y fijar un plazo para que éstas manifiesten sus comentarios.

3. El árbitro deberá dar a conocer inmediatamente y por escrito, tanto a la Secretaría como a las partes, cualesquiera hechos o circunstancias de naturaleza similar que pudieren surgir durante el arbitraje.

4. Las decisiones de la Corte con relación al nombramiento, confirmación, recusación o sustitución de un árbitro serán definitivas y las razones que las motivaron no serán comunicadas.

5. El árbitro, por el hecho de aceptar su designación, se compromete a desempeñar su función hasta su término de conformidad con el Reglamento.

6. Salvo estipulación en contrario, el Tribunal Arbitral será constituido de conformidad con lo previsto en los artículos 8, 9 y 10.

Artículo 8.—Número de árbitros

1. Las controversias serán resueltas por un árbitro único o por tres árbitros.

2. Cuando las partes no se hayan puesto de acuerdo sobre el número de árbitros, la Corte nombrará un árbitro único, a menos que ésta considere que la controversia justifica la designación de tres árbitros. En este caso, la Demandante deberá designar un árbitro en un plazo de quince días contados a partir de la recepción de la notificación de la decisión de la Corte, y la Demandada deberá designar un árbitro en un plazo de quince días contados a partir de la recepción de la notificación de la designación hecha por la Demandante.

3. Cuando las partes hayan convenido que la controversia será resuelta por un árbitro único, pueden designarlo de común acuerdo para su confirmación. Si las partes no lo hubieren designado dentro de los 30 días siguientes a la recepción de la Demanda por la Demandada, o durante el plazo adicional que a dicho efecto haya sido otorgado por la Secretaría, el árbitro único será nombrado por la Corte.

4. Cuando la controversia haya de ser sometida a la decisión de tres árbitros, cada parte, en la Demanda y en su Contestación, respectivamente, deberá designar un árbitro para su confirmación. Si una parte se abstiene de designar árbitro, el nombramiento será hecho por la Corte. El tercer árbitro, quien actuará como presidente del tribunal arbitral, será nombrado por la Corte a menos que las partes hayan convenido otro procedimiento

para su designación; en tal caso, la nominación estará sujeta a confirmación según lo dispuesto en el artículo 9. Si dicho procedimiento no resulta en una nominación dentro del plazo fijado por las partes o por la Corte, ésta nombrará el tercer árbitro.

Artículo 9.—Nombramiento y confirmación de los árbitros

1. Al nombrar o confirmar un árbitro, la Corte deberá tener en cuenta la nacionalidad, residencia y cualquier otra relación que dicho árbitro tuviere con los países de los que son nacionales las partes o los demás árbitros, así como su disponibilidad y aptitud para conducir el arbitraje de conformidad con el Reglamento. De la misma manera procederá el Secretario General cuando le corresponda confirmar un árbitro según lo previsto en el artículo 9(2).

2. El Secretario General podrá confirmar como coárbitros, árbitros únicos y presidentes de tribunal arbitral a aquellas personas, designadas por las partes o en virtud de lo acordado por éstas, que hayan suscrito una declaración de independencia sin reservas o cuya declaración de independencia aunque con reservas no haya provocado objeción alguna de las partes. Dicha confirmación deberá ser comunicada a la Corte en la siguiente sesión. Si el Secretario General considera que un coárbitro, árbitro único o presidente de tribunal arbitral no debe ser confirmado, el asunto deberá someterse a la decisión de la Corte.

3. Cuando incumbe a la Corte el nombramiento de un árbitro único o del presidente de un tribunal arbitral, deberá efectuar dicho nombramiento con base en una propuesta que al efecto solicitará a un Comité Nacional de la CCI que considere apropiado. De no aceptar la Corte dicha propuesta, o si el Comité Nacional no presenta la propuesta solicitada en el plazo fijado por la Corte, ésta puede reiterar la solicitud o solicitar una propuesta a otro Comité Nacional que considere apropiado.

4. La Corte, cuando estime que las circunstancias así lo exigen, puede elegir al árbitro único o al presidente de un tribunal arbitral dentro de los nacionales de un país en el que no se haya constituido un Comité Nacional, siempre que ninguna de las partes se oponga a ello dentro del plazo fijado por la Corte.

5. El árbitro único o el presidente del Tribunal Arbitral será de una nacionalidad distinta a la de las partes. No obstante, en circunstancias apropiadas y siempre que ninguna de las partes se oponga a ello dentro del plazo fijado por la Corte, el árbitro único o el presidente del Tribunal Arbitral podrá ser del país del cual una de las partes es nacional.

6. Cuando incumbe a la Corte nombrar un árbitro por cuenta de una parte que no ha hecho la designación correspondiente, deberá efectuar dicho nombramiento con base en una propuesta que al efecto solicitará al Comité Nacional de la CCI del país del cual dicha parte es nacional. De no aceptar la Corte la propuesta, o si el Comité Nacional no presenta la propuesta solicitada en el plazo fijado por la Corte, o si la parte en cuestión es nacional de un país en el que no se haya constituido Comité Nacional, la Corte quedará en libertad de elegir a la persona que estime apropiada. Si existe un Comité Nacional en el país del que esta persona es nacional, la Secretaría comunicará la elección a dicho Comité.

Artículo 10.—Pluralidad de partes

1. Si hay varias partes Demandantes o Demandadas, y la controversia hubiere de someterse a la decisión de tres árbitros, los Demandantes, conjuntamente, y los Demandados, conjuntamente, deberán designar un árbitro para confirmación según lo previsto en el artículo 9.

2. A falta de dicha designación conjunta y si las partes no hubieren podido ponerse de acuerdo sobre el método para constituir el Tribunal Arbitral, la Corte podrá nombrar cada uno de los miembros de éste y designará a uno de ellos para que actúe como presidente. En este caso, la Corte quedará en libertad de escoger cualquier persona que estime apropiada para actuar como árbitro haciendo aplicación, si lo estima adecuado, de las disposiciones del artículo 9.

Artículo 11.—Recusación de los árbitros

1. La demanda de recusación de un árbitro, fundada en una alegación de falta de independencia o en cualquier otro motivo, deberá presentarse ante la Secretaría mediante un escrito en donde se precisen los hechos y las circunstancias en que se funda dicha demanda.

2. Para que sea admisible, la demanda de recusación deberá ser presentada por la parte interesada dentro de los 30 días siguientes a la recepción por ésta de la notificación del nombramiento o confirmación del árbitro, o dentro de los 30 días siguientes a la fecha en que dicha parte fue informada de los hechos y las circunstancias en que funda su demanda, si dicha fecha es posterior a la recepción de la mencionada notificación.

3. La Corte debe pronunciarse sobre la admisibilidad y, al mismo tiempo y si hubiere lugar a ello, sobre el fondo de la demanda de recusación, después que la Secretaría haya otorgado al árbitro en cuestión, la(s) otra(s) parte(s) y, si es el caso, a los demás miembros del tribunal arbitral la oportunidad de

presentar sus comentarios por escrito dentro de un plazo adecuado. Dichos comentarios deberán ser comunicados a las partes y a los árbitros.

Artículo 12.—Sustitución de los árbitros

1. Un árbitro será sustituido cuando fallezca, cuando su renuncia o su recusación sea aceptada por la Corte o cuando todas las partes así lo soliciten.

2. Un árbitro también será sustituido, a iniciativa de la Corte, cuando ésta decida que existe un impedimento de jure o de facto para el cumplimiento de sus funciones, o que el árbitro no cumple con éstas de conformidad con el Reglamento o dentro de los plazos establecidos.

3. Cuando, en virtud de la información que haya llegado a su conocimiento, la Corte contemple la posibilidad de aplicar el artículo 12(2), deberá resolver al respecto después que al árbitro en cuestión, las partes y, si es el caso, a los demás miembros del tribunal arbitral se les haya concedido la oportunidad de presentar sus comentarios por escrito dentro de un plazo adecuado. Dichos comentarios deberán ser comunicados a las partes y a los árbitros.

4. En caso de sustitución de un árbitro, la Corte decidirá, de manera discrecional, si sigue o no el procedimiento original de designación. Una vez reconstituido, el Tribunal Arbitral resolverá, después de haber invitado a las partes a presentar sus observaciones, si y en qué medida se repetirán las actuaciones anteriores.

5. Después de cerrada la instrucción de la causa, en lugar de sustituir a un árbitro que ha fallecido o ha sido destituido por la Corte según lo dispuesto en los artículos 12(1) y 12(2), la Corte podrá decidir, cuando lo considere apropiado, que los árbitros restantes continúen con el arbitraje. Al tomar dicha decisión, la Corte tomará en cuenta la opinión de los árbitros restantes y de las partes, así como cualquier otra cuestión que considere pertinente en las circunstancias.

Artículo 13.—Entrega del expediente al Tribunal Arbitral

La Secretaría entregará el expediente al Tribunal Arbitral tan pronto como éste sea constituido, siempre y cuando haya sido pagada la provisión para gastos requerida por la Secretaría a esta altura del procedimiento.

Artículo 14.—Sede del arbitraje

1. La sede del arbitraje será fijada por la Corte a menos que las partes la hayan convenido.

2. Salvo acuerdo en contrario de las partes, el Tribunal Arbitral, previa consulta con aquéllas, podrá celebrar audiencias y reuniones en cualquier lugar que considere apropiado.

3. El Tribunal Arbitral podrá deliberar en cualquier lugar que considere apropiado.

Artículo 15.—Normas aplicables al procedimiento

1. El procedimiento ante el Tribunal Arbitral se regirá por el Reglamento y, en caso de silencio de éste, por las normas que las partes o, en su defecto, el Tribunal Arbitral determinen ya sea con referencia o no a un derecho procesal nacional aplicable al arbitraje.

2. En todos los casos, el Tribunal Arbitral deberá actuar justa e imparcialmente y asegurarse que cada parte tenga la oportunidad suficiente para exponer su caso.

Artículo 16.—Idioma del arbitraje

A falta de acuerdo entre las partes, el Tribunal Arbitral determinará el o los idiomas del arbitraje teniendo en cuenta cualesquiera circunstancias pertinentes, incluido el idioma del contrato.

Artículo 17.—Normas jurídicas aplicables al fondo

1. Las partes podrán acordar libremente las normas jurídicas que el Tribunal Arbitral deberá aplicar al fondo de la controversia. A falta de acuerdo de las partes, el Tribunal Arbitral aplicará las normas jurídicas que considere apropiadas.

2. En todos los casos, el Tribunal Arbitral deberá tener en cuenta las estipulaciones del contrato y los usos comerciales pertinentes.

3. El Tribunal Arbitral tendrá los poderes de amigable componedor o decidirá ex aequo et bono únicamente si las partes, de común acuerdo, le han otorgado tales poderes.

Artículo 18.—Acta de Misión; calendario de procedimiento

1. Tan pronto como reciba de la Secretaría el expediente, el Tribunal Arbitral elaborará, con base en los documentos o en presencia de las partes y teniendo en cuenta las últimas alegaciones de éstas, un documento que precise su misión. Dicho documento deberá contener particularmente:

a) nombre completo y calidad en que intervienen las partes;

b) dirección de las partes donde se podrán efectuar válidamente las notificaciones o comunicaciones durante el arbitraje;

c) una exposición sumaria de las pretensiones de las partes y de sus peticiones y, en la medida de lo posible, la indicación de cualesquiera sumas reclamadas por vía de demanda principal o reconvencional;

d) a menos que el Tribunal Arbitral lo considere inadecuado, una lista de los puntos litigiosos por resolver;

e) nombres y apellidos completos, calidad y dirección de los árbitros;

f) sede del arbitraje; y

g) precisiones con relación a las normas aplicables al procedimiento y, si fuere el caso, la mención de los poderes conferidos al Tribunal Arbitral para actuar como amigable componedor o para decidir ex aequo et bono.

2. El Acta de Misión debe ser firmada por las partes y por el Tribunal Arbitral. Dentro de los dos meses siguientes a la fecha en que se le haya entregado el expediente, el Tribunal Arbitral deberá remitir a la Corte el Acta de Misión firmada por las partes y por el Tribunal Arbitral. La Corte puede, por solicitud motivada del Tribunal Arbitral o, si lo estima necesario, de oficio, prorrogar dicho plazo.

3. Si una de las partes rehusa participar en su redacción, o no la firma, el Acta de Misión deberá someterse a la Corte para su aprobación. Tan pronto como el Acta de Misión sea firmada de acuerdo con lo previsto en el artículo 18(2) o aprobada por la Corte, el arbitraje continuará su curso.

4. Al preparar el Acta de Misión, o en cuanto le sea posible luego de ello, el Tribunal Arbitral, previa consulta con las partes, deberá establecer en un documento separado el calendario provisional que pretenda seguir en la conducción del proceso arbitral, y lo comunicará tanto a la Corte como a las partes. Cualquier modificación posterior de dicho calendario deberá ser comunicada a la Corte y a las partes.

Artículo 19.—Nuevas demandas

Una vez firmada el Acta de Misión, o aprobada por la Corte, ninguna de las partes podrá formular nuevas demandas, principales o reconvencionales, que estén fuera de los límites fijados en ella, salvo autorización del Tribunal Arbitral el cual, al decidir al respecto, deberá tener en cuenta la naturaleza de las nuevas demandas, la etapa en que se encuentre el proceso arbitral y las demás circunstancias que sean pertinentes.

Artículo 20.—Instrucción de la causa

1. El Tribunal Arbitral instruirá la causa en el plazo más breve posible por cualesquiera medios apropiados.

2. Una vez examinados los escritos y documentos presentados por las partes, el Tribunal Arbitral deberá oírlas contradictoriamente si una de ellas así lo solicita. A falta de tal solicitud, podrá oirlas de oficio.

3. El Tribunal Arbitral podrá decidir la audición de testigos, peritos nombrados por las partes o de cualquier otra persona, en presencia de las partes, o en su ausencia siempre y cuando éstas hayan sido debidamente convocadas.

4. El Tribunal Arbitral, previa consulta con las partes, podrá nombrar uno o varios peritos, definir su misión y recibir sus dictámenes. A petición de cualquiera de ellas, las partes tendrán la oportunidad de interrogar en audiencia a cualquier perito nombrado por el Tribunal Arbitral.

5. En todo momento durante el proceso arbitral, el Tribunal Arbitral podrá requerir a cualquiera de las partes para que aporte pruebas adicionales.

6. El Tribunal Arbitral podrá decidir la controversia tan solo con base en los documentos aportados por las partes, salvo si alguna de ellas solicita una audiencia.

7. El Tribunal Arbitral podrá tomar medidas destinadas a proteger secretos comerciales o industriales e información confidencial.

Artículo 21.—Audiencias

1. Para celebrar una audiencia, el Tribunal Arbitral convocará a las partes con antelación razonable para que comparezcan ante él el día y en el lugar que determine.

2. Si una de las partes, a pesar de haber sido debidamente convocada, no comparece sin excusa válida, el Tribunal Arbitral podrá celebrar la audiencia.

3. El Tribunal Arbitral tendrá la plena dirección de las audiencias, en las cuales todas las partes tienen derecho a estar presentes. Salvo autorización del Tribunal Arbitral y de las partes, las audiencias no estarán abiertas a personas ajenas al proceso.

4. Las partes podrán comparecer en persona o a través de representantes debidamente acreditados. Asimismo, podrán estar asistidas por asesores.

Artículo 22.—Cierre de la instrucción

1. El Tribunal Arbitral declarará el cierre de la instrucción cuando considere que las partes han tenido la oportunidad suficiente para exponer su caso. Después de esta fecha, no podrá presentarse ningún escrito, alegación ni prueba, salvo requerimiento o autorización del Tribunal Arbitral.

2. El Tribunal Arbitral, al declarar el cierre de la instrucción, deberá indicar a la Secretaría la fecha aproximada en que el proyecto de Laudo será sometido a la Corte para su aprobación de conformidad con lo dispuesto en el artículo 27. El Tribunal Arbitral deberá comunicar a la Secretaría cualquier aplazamiento de dicha fecha.

Artículo 23.—Medidas cautelares y provisionales

1. Salvo acuerdo de las partes en contrario, el Tribunal Arbitral podrá, desde el momento en que se le haya entregado el expediente, ordenar, a solicitud de parte, cualesquiera medidas cautelares o provisionales que considere apropiadas. El Tribunal Arbitral podrá subordinar dichas medidas al otorgamiento de una garantía adecuada por la parte que las solicite. Las medidas mencionadas deberán ser adoptadas mediante auto motivado o Laudo, según el Tribunal Arbitral lo estime conveniente.

2. Las partes podrán, antes de la entrega del expediente al Tribunal Arbitral y en circunstancias apropiadas aún después, solicitar a cualquier autoridad judicial competente la adopción de medidas provisionales o cautelares. La solicitud que una parte haga a una autoridad judicial con el fin de obtener tales medidas o la ejecución de medidas similares ordenadas por un Tribunal Arbitral no contraviene al acuerdo de arbitraje ni constituye una renuncia a éste y no afecta los poderes del Tribunal Arbitral al respecto. Dicha solicitud, así como cualquier medida adoptada por la autoridad judicial, debe ser notificada sin dilación a la Secretaría. Esta última informará de ello al Tribunal Arbitral.

Artículo 24.—Plazo para dictar el Laudo

1. El Tribunal Arbitral deberá dictar su Laudo final en el plazo de seis meses. Dicho plazo comenzará a correr a partir de la fecha de la última firma, del Tribunal Arbitral o de las partes, en el Acta de Misión o, en el caso previsto en el artículo 18(3), a partir de la fecha en que la Secretaría notifique al Tribunal Arbitral la aprobación del Acta de Misión por la Corte.

2. La Corte puede, en virtud de solicitud motivada del Tribunal Arbitral o, si lo estima necesario, de oficio, prorrogar dicho plazo.

Artículo 25.—Pronunciamiento del Laudo

1. Cuando el Tribunal Arbitral esté compuesto por más de un árbitro, el Laudo se dictará por mayoría. A falta de mayoría, el presidente del Tribunal Arbitral dictará el Laudo él solo.

2. El Laudo deberá ser motivado.

3. El Laudo se considerará pronunciado en el lugar de la sede del arbitraje y en la fecha que en él se mencione.

Artículo 26.—Laudo por acuerdo de las partes

Si las partes llegan a un arreglo después que el expediente haya sido entregado al Tribunal Arbitral de conformidad con lo previsto en el artículo 13, se dejará constancia de dicho arreglo en un Laudo por acuerdo de las partes, siempre y cuando las partes así lo hayan solicitado y el Tribunal Arbitral esté de acuerdo con dictarlo.

Artículo 27.—Examen previo del Laudo por la Corte

Antes de firmar un Laudo, el Tribunal Arbitral deberá someterlo, en forma de proyecto, a la Corte. Esta podrá ordenar modificaciones de forma y, respetando la libertad de decisión del Tribunal Arbitral, podrá llamar su atención sobre puntos relacionados con el fondo de la controversia. Ningún Laudo podrá ser dictado por el Tribunal Arbitral antes de haber sido aprobado, en cuanto a su forma, por la Corte.

Artículo 28.—Notificación, depósito y carácter ejecutorio del Laudo

1. Dictado el Laudo, la Secretaría deberá notificar a las partes el texto firmado por el Tribunal Arbitral siempre y cuando los gastos del arbitraje hayan sido íntegramente pagados a la CCI por las partes o por una de ellas.

2. Copias adicionales del Laudo, cuya autenticidad será certificada por el Secretario General, serán expedidas, en cualquier momento, a solicitud de las partes y solo a ellas.

3. En virtud de la notificación hecha de conformidad con el párrafo 1 de este artículo, las partes renuncian a cualquier otra notificación o depósito por parte del Tribunal Arbitral.

4. Todo Laudo dictado de conformidad con el Reglamento deberá ser depositado, en original, en la Secretaría.

5. El Tribunal Arbitral y la Secretaría deberán asistir a las partes en el cumplimiento de cualesquiera formalidades que puedan ser necesarias.

6. Todo Laudo es obligatorio para las partes. Al someter su controversia a arbitraje según el Reglamento, las partes se obligan a cumplir sin demora cualquier Laudo que se dicte y se considerará que han renunciado a cualesquiera vías de recurso a las que puedan renunciar válidamente.

Artículo 29.—Corrección e interpretación del Laudo

1. El Tribunal Arbitral puede corregir de oficio cualquier error, de cálculo o tipográfico o de naturaleza similar que contenga el Laudo, siempre y cuando dicha corrección sea sometida a la Corte para su aprobación dentro de los treinta días siguientes a la fecha de dicho Laudo.

2. Toda solicitud de corrección de un error del tipo previsto en el artículo 29(1) o de interpretación del Laudo formulada por una parte, deberá dirigirse a la Secretaría dentro de los 30 días siguientes a la recepción del Laudo por dicha parte en tantas copias cuantas previstas en el artículo 3(1). Luego de la comunicación de la solicitud al Tribunal Arbitral, éste otorgará a la otra parte, con el fin de que ésta presente sus comentarios, un plazo breve, en principio no mayor de treinta días, contado a partir de la recepción de la solicitud por dicha parte. Si el Tribunal Arbitral decide corregir o interpretar el Laudo, someterá su decisión, en forma de proyecto, a la Corte a más tardar 30 días después del vencimiento del plazo otorgado a la otra parte para que exprese sus comentarios o dentro cualquier otro plazo que la Corte haya fijado.

3. La decisión de corregir o interpretar el Laudo deberá tomarse mediante addendum el cual constituirá parte del Laudo. Lo dispuesto en los artículos 25, 27 y 28 se aplicará mutatis mutandis.

Artículo 30.—Provisión para gastos del arbitraje

1. Luego de recibida la Demanda, el Secretario General podrá solicitar a la Demandante el pago de un anticipo sobre la provisión para gastos del arbitraje en un monto previsto para cubrir los gastos del arbitraje hasta la elaboración del Acta de Misión.

2. Tan pronto como le sea posible, la Corte fijará la provisión para gastos del arbitraje en un monto suficiente para cubrir los honorarios y los gastos de los árbitros, así como los gastos administrativos de la CCI correspondientes a las demandas principales y reconvencionales presentadas ante ella por las partes. Dicho monto podrá ser reajustado en cualquier momento durante el arbitraje. En el caso en que, además de la demanda principal,

se formulen una o varias demandas reconvencionales, la Corte puede fijar provisiones separadas para la demanda principal y para la demanda o demandas reconvencionales.

3. La provisión fijada por la Corte deberá ser pagada en partes iguales por la Demandante y la Demandada. Todo anticipo pagado en virtud de lo dispuesto en el artículo 30(1) será considerado como un pago parcial de dicha provisión. No obstante, cualquiera de las partes podrá pagar la totalidad de la provisión que corresponda a una demanda principal o reconvencional si la otra parte no hace el pago que le incumbe. Cuando la Corte fije provisiones separadas en virtud de lo dispuesto en el artículo 30(2), cada una de las partes deberá pagar la provisión correspondiente a sus demandas.

4. Cuando no se haya satisfecho una solicitud de provisión para gastos del arbitraje, el Secretario General puede, previa consulta al Tribunal Arbitral, indicar a éste que suspenda sus actividades y fijar un plazo, que no puede ser inferior a 15 días, al vencimiento del cual la correspondiente demanda principal o reconvencional se considerará retirada. Si la parte interesada desea oponerse a tal medida, deberá solicitar, en el plazo antes mencionado, que el asunto sea decidido por la Corte. Dicho retiro no priva a la parte interesada del derecho a presentar posteriormente la misma demanda principal o reconvencional en otro proceso.

5. Si una parte interpone una excepción de compensación a una demanda principal o reconvencional, dicha excepción será tenida en cuenta para determinar la provisión para gastos del arbitraje, como si se tratara de una demanda distinta, cuando implique el examen de cuestiones adicionales por parte del Tribunal Arbitral.

Artículo 31.—Decisión sobre los costos del arbitraje

1. Los costos del arbitraje incluirán los honorarios y los gastos de los árbitros, así como los gastos administrativos de la CCI determinados por la Corte de conformidad con el arancel vigente en la fecha de inicio del proceso arbitral, los honorarios y los gastos de los peritos nombrados por el Tribunal Arbitral y los gastos razonables incurridos por las partes para su defensa en el arbitraje.

2. La Corte podrá fijar los honorarios de los árbitros en un monto superior o inferior al que resulte del arancel aplicable si así lo considera necesario en razón de las circunstancias excepcionales del caso. En cualquier momento del proceso, el Tribunal Arbitral podrá tomar decisiones sobre costos distintos de aquéllos fijados por la Corte.

3. El Laudo final fijará los costos del arbitraje y decidirá cuál de las partes debe pagarlos o en qué proporción deben repartirse entre ellas.

Artículo 32.—Modificación de plazos

1. Las partes podrán acordar reducir los diferentes plazos previstos en el Reglamento. Dicho acuerdo, si ha sido celebrado después de la constitución del Tribunal Arbitral, sólo surtirá efectos una vez aprobado por éste.

2. La Corte podrá prorrogar de oficio cualquier plazo modificado en virtud de lo previsto en el artículo 32(1), si estima que ello es necesario para permitirle o para permitir al Tribunal Arbitral hacer frente a sus responsabilidades según el Reglamento.

Artículo 33.—Renuncia

Se presumirá que una parte que proceda con el arbitraje sin oponer reparo al incumplimiento de cualquiera de las disposiciones del Reglamento, de cualesquiera otras normas aplicables al procedimiento, de cualquier instrucción del Tribunal Arbitral o de cualquier estipulación contenida en el acuerdo de arbitraje relacionadas con la constitución del Tribunal Arbitral o con el desarrollo del proceso, ha desistido de su derecho a objetar.

Artículo 34.—Exoneración de responsabilidad

Ni los árbitros, ni la Corte o sus miembros, ni la CCI o sus empleados, ni los Comités nacionales de la CCI serán responsables, frente a persona alguna, de hechos, actos u omisiones relacionados con el arbitraje.

Artículo 35.—Regla general

En todos los casos no previstos expresamente en el Reglamento, la Corte y el Tribunal Arbitral procederán según el espíritu de sus disposiciones y esforzándose siempre para que el Laudo sea susceptible de ejecución legal.

Bibliografía

Alcalá Zamora y Castillo, Niceto, Proceso, autocomposición y autodefensa, Tercera Edición, México, Editorial Instituto de Investigaciones Jurídicas-Universidad Nacional Autónoma de México, 1991.

Alchourrón, Carlos y Bulygin, Eugenio, Análisis lógico y derecho, Primera Edición, Centro de Estudios Constitucionales, 1991, Madrid.

Amster, Pablo, y Pinasco, Juan Pablo, Una introducción matemática a la toma de decisiones, Fondo de Cultura Económica, México, 2014.

Atienza, Manuel, y Ferrajolli, Luigi, Jurisdicción y argumentación en el estado constitucional de derecho, Primera Edición, Instituto de Investigaciones Jurídicas-Universidad Nacional Autónoma de México, 2005, México.

Atienza, Manuel, Las razones del derecho, Primera Edición, Instituto de Investigaciones Jurídicas-Universidad Nacional Autónoma de México, 2003, México.

— Curso de Argumentación Jurídica, Primera Edición, Editorial Trotta. 2013, Madrid.

Ben-Ari, Mordechai, Mathematical logic for computer science, Springer-Verlag, London, 2012.

Berger, Peter L., y Luckmann, Thomas, La construcción social de la realidad, Amorrortu Editores, Buenos Aires, 2003.

Binmore, Ken, La teoría de juegos. Una breve introducción, Alianza Editorial, Madrid, 2009.

Bobbio, Norberto, Teoría general del derecho, Quinta Edición, Editorial Themis, 2016, Colombia.

Cabello-Tijerina, Paris A., Tratado de justicia alternativa, Primera edición, Tirant lo Blanc, 2021, México.

Cáceres Nieto, Enrique, Introducción práctica al cálculo lógico aplicado al derecho, Primera Edición, Editorial Porrúa, 2014, México.

Caivano, Roque J., Arbitraje, Segunda Edición, Editorial Villela Editores, Buenos Aires, 2000.

Calamandrei, Piero, Proceso y democracia, Primera Edición, Buenos Aires, Ediciones Jurídicas Europa-América, 1960.

Carbonell Sánchez, Miguel, El debido proceso en México. Análisis de los artículos 14 y 16 constitucionales, Primera Edición, Editorial Tirant lo Blanch, 2019, México.

Carnelutti, Francesco, ¿Como se hace un proceso?, Primera Edición, Editorial Colofón, 1992, México.

Castaño, Sergio Raúl, Lecturas críticas sobre el poder político, Primera Edición, Instituto de Investigaciones Jurídicas-Universidad Nacional Autónoma de México, 2012, México.

Chevalier, Jacques, Estado de derecho, Primera Edición, Universidad Externado de Colombia, Bogotá, 2015.

Chomsky, Noam, Estructuras sintácticas, Siglos Veintiuno Editores, México, 2017.

— *Three models for the description of language, IRE transactions on information theory, Vol. 2, September 1956*

Coello Coello, Carlos A., Breve historia de la computación y sus pioneros, Fondo de Cultura Económica, México, 2003.

Cohen, Daniel I. A., Introduction to computer theory, John Wiley & Son, Inc., United States of América, 1986.

Colombo Campbell, Juan, El debido proceso constitucional, Primera Edición, Editorial Porrúa-Instituto Mexicano de Derecho Procesal Constitucional, México, 2007.

Copi, Irving M., y Cohen, Carl, Introducción a la lógica, Limusa, México, 2013.

Cornelio Landero, Egla, Mediación. Mecanismos para la solución de conflictos laborales en México, Editorial Porrúa, México, 2017.

Cornelio Landero, Rosa, Mediación. Un método para solucionar conflictos en instituciones de salud pública, Editorial Porrúa, México, 2019.

Cornmen, Thomas H, Leiserson, Charles E, Introduction to algorithms, The MIT Prees, Massachusetts, 2009.

Couture, Eduardo Juan, Fundamentos del derecho procesal civil, Editorial Roque de Palma, Argentina, 1958.

Delclaux, Isidro, y Seoane, Julio, Psicología cognitiva y procesamiento de la información. Teoría, investigación y aplicación, Ediciones Pirámide, Madrid, 1982.

Dicey, Albert V., Introduction to the study of the law of the constitution, Octave Edition, London, 1915.

Fairén Guillen, Víctor, Teoría general del derecho procesal, Primera Edición, Universidad Nacional Autónoma de México, 1992, México.

Fernández Rozas, José Carlos, Sánchez Lorenzo, Sixto A., Stampa, Gonzalo, Principios generales del arbitraje, Primera edición, Tirant Lo Blanch, 2018, España.

Ferrari, Vincenzo, Primera lección de sociología del derecho, Primera Edición, Universidad Nacional Autónoma de México, 2015, México.

Ferrer Mac-Gregor, Eduardo, Caballero Ochoa, José Luis, Steiner, Christian (coord.), Derecho Humanos en la Constitución. Comentarios de Jurisprudencia constitucional e interamericana, Primera Edición, Suprema Corte de Justicia de la Nación, Universidad Nacional Autónoma de México, Fundación Konrad Adenauer, 2013, México.

Fix Zamudio, Héctor, Ovalle Fabela, José, Derecho Procesal, Primera Edición, México, Editorial Instituto de Investigaciones Jurídicas-Universidad Nacional Autónoma de México, 1991.

Flores Rueda, Cecilia (Eds), Diccionario enciclopédico de arbitraje comercial, Primera Edición, Editorial Themis, 2010, México.

García Ramírez, Sergio, El debido proceso. Criterios de la jurisprudencia interamericana, Tercera Edición, Editorial Porrúa, 2016, México.

Gómez Frode, Carina, Briseño García Carrillo, Marco Ernesto, Nuevos paradigmas de derecho procesal, Primera Edición, Editorial Instituto de Investigaciones Jurídicas-Universidad Nacional Autónoma de México, 2016, México.

González de Cossío, Francisco, Arbitraje, Segunda Edición, Editorial Porrúa, 2014, México.

— *El árbitro, Primera Edición, Editorial Porrúa, 2008, México.*

González Martin, Niurka (coord.), Estudios jurídicos en homenaje a Martha Morineau Tomo I, Primera Edición, México, Editorial Instituto de Investigaciones Jurídicas-Universidad Nacional Autónoma de México, 2006.

Gross, Maurice, Lentin, Andre, Nociones de gramáticas formales, Segunda Edición, Editorial Tecnos, 1970, Madrid.

Hermes, Hans, Introducción a la teoría de la computabilidad, Editorial Tecnos, 1984, Madrid.

Hopcroft, John E., Motwani, Rajeev, Ullman, Jeffrey D., Teoría de autómatas, lenguajes y computación, Pearson Educación, 2008.

Huber Olea y Contró, Francisco José, Diccionario de Derecho Romano, Primera Edición, Editorial Porrúa, 2000, México.

Kelly, Dean, Teoría de autómatas y lenguajes formales, Pearson Educación, España, 1995.

MacCormick, Neil, Retorica y estado de derecho, Primera Edición, Palestra Editores, Lima, 2016.

Martin, John C., Introduction to language and the theory of computation, McGraw Hill, New York, 2003.

Méndez-Silva, Ricardo, Contratación y arbitraje internacionales, Primera Edición, Editorial Instituto de Investigaciones Jurídicas-Universidad Nacional Autónoma de México, México, 2010,

Montesquieu, Charles Louis, El espíritu de las leyes, Primera Edición, Grupo Editorial Éxodo, *2018, México.*

Nozick, Robert, Anarquía, estado y utopía, Primera edición, Fondo de Cultura Económica, 2017, México.

Ovalle Favela, José, Derecho Procesal Civil, Décima Edición, Oxford University Press, 2019, México.

— *Derechos humanos y garantías constitucionales, Cuarta Edición, Editorial Porrúa, 2021, México.*

Pallares, Eduardo, Diccionario de derecho procesal civil, Vigesimonovena edición Editorial Porrúa, México, 2012.

Perelman, Chaim, Olbrechts-Tyteca, Lucie, Tratado de la argumentación. La nueva retórica, Editorial Gredos, España, 2016.

Petit, Eugene, Tratado elemental de derecho romano, Vigesimoquinta edición, Editorial Porrúa, México, 2019.

Raz, Joseph, La autoridad del derecho. Ensayos sobre derecho y moral, Primera Edición, Ediciones Coyoacán, México, 2011.

Rodríguez Elorrieta, Naiara, La mediación y el arbitraje laboral. Una perspectiva desde la mediación, civil y mercantil, y el arbitraje común, Primera Edición, Editorial Atelier, 2017, Barcelona.

Rodríguez, Jorge L., Razonamiento y decisión judicial, Ministerio de Justicia y Derechos Humanos, Argentina, 2017.

Sipser, Michael, Introduction to the theory of computation, Thomson Course Technology, Massachusetts, 2006.

Smith, Edward E., Kosslyn, Stephen M., Procesos cognitivos: modelos y bases neuronales, Pearson Educación, Madrid, 2008.

Soberanes Fernández, José Luis, Sobre el origen de las declaraciones de derechos humanos, Primera Edición, Instituto de Investigaciones Jurídicas-UNAM, México, 2009.

Tamayo y Salmorán, Rolando, Razonamiento y argumentación jurídica, Instituto de Investigaciones Jurídicas-UNAM, México, 2013.

Toulmin, Stephen, Los usos de la argumentación, Editorial Península, España, 2007.

Turing, Alan, On computable number, with and application to the entscheidungsproblem, London Mathematical Society, England, 1936.

— A machine can think? National Physical Laboratory in London.

— Computing machinery and intelligence, Mind #49, 1950.

Vázquez Rodolfo, Interpretación jurídica y decisión judicial, Distribuciones Fontamara, México, 1998.

von Bertalanffy, Ludwig, Teoría general de sistemas, Primera Edición, México, Fondo de Cultura Económica, 1976.

von Hayek, Friedrich A., Caminos de servidumbre, Tercera Edición, Alianza Editorial, España 2015.

Zaffaroni, Eugenio Raúl, La cuestión criminal, Segunda Edición, Editorial Planeta, 2012, España.

Jurisprudencia de la Corte Interamericana de Derechos Humanos

Caso Tristán Donoso vs. Panamá. Excepción preliminar, fondo, reparaciones y costas. Sentencia 27 de enero del 2009. Serie C N.° 193.

Caso Maldonado Ordoñez vs. Guatemala. Excepciones preliminares, Fondo, Reparaciones y Costas. Sentencia 3 de mayo del 2016. Serie C N.° 311

Caso López Álvarez *vs. Honduras. Fondo, reparaciones y costas. Sentencia 1 de febrero del 2006. Serie C N.° 141*

Caso Baena Ricardo y otros vs. Panamá. Fondo, reparaciones y costas. Sentencia 2 de febrero del 2001. Serie C N.° 72

Caso Liakat Ali Alibux vs. Suriname. Excepciones preliminares, fondo, reparaciones y costas. Sentencia 30 de enero del 2014. Serie C N.° 276

Caso de la Cruz Flores vs. Perú. Fondo, reparaciones y costas. Sentencia 18 de noviembre del 2004. Serie C N.° 115

Caso Reveron Trujillo vs. Venezuela. Excepciones preliminares, fondo, reparaciones y costas. Sentencia 30 de junio del 2009. Serie C N.° 197

Caso Apitz Barbera y otros vs. Venezuela. Excepciones preliminares, fondo, reparaciones y costas. Sentencia 5 de agosto del 2008. Serie C N.° 182

Caso Ibsen Cárdenas e Ibsen Peña vs. Bolivia. Fondo, reparaciones y costas. Sentencia 1 de septiembre del 2010. Serie C N.° 217

Caso Usón Ramírez vs Venezuela. Excepciones preliminares, fondo, reparaciones y costas. Sentencia 20 de noviembre del 2009. Serie C N.° 207

Caso Yatama vs. Nicaragua. Excepciones preliminares, fondo, reparaciones y costas. Sentencia 23 de junio del 2005. Serie C N.° 127

Caso Tristán Donoso vs. Panamá. Excepción preliminar, fondo, reparaciones y costas. Sentencia 27 de enero del 2009. Serie C N.° 193

Caso Masacre de la Rochela vs. Colombia. Fondo, reparaciones y costas. Sentencia 11 de mayo del 2007. Serie C N.° 163

Caso del Tribunal Constitucional vs. Perú. Fondo, reparaciones y costas. Sentencia 31 de enero del 2001. Serie C N.° 71

Legislación Internacional

Cámara de Comercio Internacional, Reglamento de Arbitraje, París, 2022.

Comisión de las Naciones Unidas para el Derecho Mercantil Internacional, Ley Modelo de la CNUDMI sobre Arbitraje Comercial Internacional, Organización de Naciones Unidas, New York, 2008.

Comisión de las Naciones Unidas para el Derecho Mercantil Internacional, Convención sobre el reconocimiento y ejecución de las sentencias arbitrales extranjeras, New York, 1958.

Instituto Iberoamericano de Derecho Procesal, Código Procesal Civil Modelo para Iberoamérica, Montevideo, 1988.

Hemeroteca

Kartik Menon, Business Insider España, Las apps de delivery ignoraron los principios básicos del mundo de los negocios para disparar su crecimiento: ahora se enfrentan a miles de despidos, al desplome de sus acciones y a una guerra brutal por su supervivencia, 26 de mayo del 2022, España.

García Alcalde, Lucas, Business Insider España, El 'delivery' entra en una nueva etapa: desafíos para Glovo, Uber Eats, Just Eat y otros gigantes del reparto a domicilio tras el fin del 'boom' de la pandemia, 4 de julio del 2022, España.

Miranda, Boris, British Broadcasting Company Mundo, Rappi, el "Amazon de Colombia" que se convirtió en el emprendimiento más exitoso del país, 26 de octubre del 2018, Colombia.